insel taschenbuch 4401
Die Wunder zu Weihnachten

Die Wunder zu Weihnachten

Geschichten, die glücklich machen

Herausgegeben von Clara Paul

Insel Verlag

4. Auflage 2016

Erste Auflage 2015
insel taschenbuch 4401
Originalausgabe
© Insel Verlag Berlin 2015
Vertrieb durch den Suhrkamp Taschenbuch Verlag
Quellennachweise zu dieser Ausgabe am Schluss des Bandes
Umschlagabbildung: Hans Traxler
Umschlag: hißmann, heilmann, hamburg
Satz: Satz-Offizin Hümmer GmbH, Waldbüttelbrunn
Druck: CPI – Ebner & Spiegel, Ulm
Printed in Germany
ISBN 978-3-458-36101-5

Inhalt

Ein Geschenk wie kein anderes

Ein Tag, der alles ändert

Wahre Wunder

Weihnachtszauber

Aus alter Zeit

Ein Geschenk wie kein anderes

Erich Kästner

Das Geschenk

Der 24. Dezember begann im Johann Sigismund-Gymnasium mit einem Höllenspektakel. Die Jungen rasten wie die Wilden die Treppen hinauf und herunter. Der eine hatte seine Zahnbürste aus Versehen im Waschsaal liegenlassen. Der andere suchte den Kofferschlüssel wie eine Stecknadel. Der dritte hatte vergessen, die Schlittschuhe einzupacken. Der vierte holte Verstärkung, weil der Koffer zu voll war und nur schloss, wenn sich mindestens drei Mann daraufsetzten.

Die Primaner taten zwar, als ob sie es bei weitem weniger eilig hätten. Aber wenn sie niemand beobachtete, rasten sie ganz genau wie die Kleineren durch die Korridore.

Gegen zehn Uhr früh war die Schule schon halb leer. Die anderen, die später fuhren, machten zwar noch genügend Radau. Aber der Kenner spürte doch schon, dass die Auswanderung begonnen hatte.

Mittags zog dann der nächste Trupp durchs weitgeöffnete Tor. Die Mützen saßen schief auf den Köpfen. Die schweren Koffer schleppten sie im Schnee.

Matthias kam ein paar Minuten danach hinterhergestolpert. Er hatte sich bei Uli verspätet. Johnny stand am Tor und gab ihm die Hand.

»Pass gut auf den Kleinen auf!«, sagte Matthias. »Ich werde ihm öfters schreiben. Und lass dir's gutgehen!«

»Gleichfalls«, meinte Johnny Trotz. »Ich passe schon auf. Aber nimm die Beine untern Arm. Sebastian ist bereits vorausgegangen.«

»Man hat's schwer«, stöhnte Matz. »Zum Bäcker Scherf muss ich auch noch. Sonst verhungere ich im Zug. Und das kann ich meinen alten Herrschaften doch nicht antun. Hör mal, Dichterfürst, wo ist denn eigentlich Martin Thaler, auch das Dreimarkstück genannt? Ich wollte mich nämlich von ihm verabschieden. Aber ich finde ihn nirgends. Und ohne ihn ist das unmöglich. Na, grüß ihn bestens. Und er soll mir einen Kartengruß zukommen lassen, damit ich weiß, mit welchem Zug er in unser Bildungsinstitut zurückfährt.«

»Schon gut«, sagte Johnny. »Ich werde es ausrichten. Nun halte aber den Mund und mach, dass du fortkommst!«

Matz hob den Koffer auf die linke Schulter, rief: »Mensch, ich krieg 'nen Punchingball!«, und zog wie ein studierter Gepäckträger davon.

Der Bahnhof wimmelte von Gymnasiasten. Die einen wollten nach dem Norden fahren, die anderen nach Osten. Die zwei Züge, auf die man wartete, passierten Kirchberg kurz hintereinander.

Die Primaner spazierten mit ihren Tanzstundendamen die Bahnsteige entlang und plauderten weltmännisch. Man überreichte einander Blumen und Lebkuchen. Der schöne Theodor erhielt von seiner Tangopartnerin, einem gewissen Fräulein Malwine Schneidig, ein Zigarettenetui, das beinahe echt war. Er zeigte es stolz den anderen Primanern. Sie wurden hellgelb vor Neid.

Sebastian, der in der Nähe stand und einen Haufen Unterklassianer um sich versammelt hatte, riss auf Kosten der Primaner Witze und hatte großen Heiterkeitserfolg.

Endlich kam auch Matthias an. Er setzte sich auf seinen Koffer und aß sechs Stück Kuchen. Anschließend lief der erste der beiden Züge ein. Die Gymnasiasten, die nach Norden reisten, erstürmten ihn wie eine feindliche Festung. Dann schauten sie aus den Abteilfenstern und unterhielten sich so laut wie möglich mit denen, die noch warten mussten. Ein Sekundaner streckte eine Tafel aus dem Zug. Auf der Tafel stand:

»Parole Heimat!« Ein Sextaner kletterte heulend wieder aus dem Zug heraus. Der kleine Trottel hatte seinen Koffer auf dem Bahnsteig stehenlassen. Er fand ihn aber und kam noch zurecht.

Als der Zug abfuhr, schwenkten alle die Mützen. Und die Tanzstundendamen winkten mit ihren winzigen Taschentüchern. Man rief: »Frohe Weihnachten!« Andere brüllten: »Prost Neujahr!« Und Sebastian schrie: »Fröhliche Ostern!« Dann fuhr der Zug aus der Halle.

Es ging auch weiterhin außerordentlich fidel zu. Und außer dem Stationsvorsteher waren alle guter Laune. Er atmete erst auf, als auch der zweite Zug hinausschnaufte und als weit und breit kein Gymnasiast mehr zu sehen war. Von seinem Standpunkt aus hatte er ja recht.

Das Schulhaus war wie ausgestorben. Das Dutzend Schüler, das erst am Nachmittag fuhr, spürte man überhaupt nicht.

Da zog der Justus seinen Wintermantel an und ging in den stillen weißen Park hinunter. Die Gartenwege waren zugeschneit. Unberührt lagen sie da. Verschwunden waren Lärm und Gelächter. Johann Bökh blieb stehen und lauschte dem raschelnden Schnee, den der Wind von den Zweigen pustete. Na also, die große Ruhe und die große Einsamkeit konnten beginnen!

Als er in einen Seitenweg einbog, bemerkte er Fußstapfen. Es waren die Abdrücke von einem Paar Knabenschuhen. Wer lief denn jetzt allein im Park umher?

Er folgte den Spuren. Sie führten zu der Kegelbahn hinunter. Der Justus schlich auf den Zehenspitzen durch den Schnee, an der Schmalseite des Schuppens entlang, und blickte vorsichtig um die Ecke.

Auf der Brüstung saß ein Junge. Er hatte den Kopf an einen der hölzernen Pfeiler gelehnt und starrte zu dem Himmel hinauf, über den die schweren Schneewolken hinzogen.

»Hallo!«, rief der Justus.

Der Junge zuckte zusammen und drehte sich erschrocken um. Es war Martin Thaler. Er sprang von der Brüstung herunter.

Der Lehrer ging näher. »Was machst du denn hier unten?«

»Ich wollte allein sein«, meinte der Junge.

»Dann entschuldige die Störung«, sagte der Justus. »Aber es trifft sich ganz gut, dass ich dir begegne. Warum hast du denn gestern früh so saumäßig schlecht gelesen, hm?«

»Ich dachte an etwas anderes«, antwortete Martin betreten.

»Hältst du das für eine passende Entschuldigung, wie? Und warum hast du gestern Abend so miserabel Theater gespielt? Und warum hast du gestern und heute im Speisesaal fast nichts gegessen?«

»Da hab ich auch an etwas anderes denken müssen, Herr Doktor«, erwiderte Martin und schämte sich in Grund und Boden.

»So. Woran musstest du denn denken? An Weihnachten?«

»Jawohl, Herr Doktor.«

»Na, besonders drauf zu freuen scheinst du dich ja nicht!«

»Nein, nicht besonders, Herr Doktor.«

»Wann fährst du denn heim? Mit dem Nachmittagszug?«

Da liefen dem Primus der Tertia zwei große Tränen aus den Augen. Und dann noch zwei Tränen. Aber er biss die Zähne zusammen, und da kamen keine Tränen weiter. Schließlich sagte er: »Ich fahre gar nicht nach Hause, Herr Doktor.«

»Nanu«, meinte der Justus. »Du bleibst während der Ferien in der Schule?«

Martin nickte und wischte mit dem Handrücken die vier Tränen fort.

»Wollen denn deine Eltern nicht, dass du kommst?«

»Doch, Herr Doktor, meine Eltern wollen.«

»Und du? Willst du denn nicht?«

»Doch. Ich will auch, Herr Doktor.«

»Na, zum Donnerwetter noch einmal!«, rief der Justus. »Was soll das denn heißen? Sie wollen! Du willst! Und trotzdem bleibst du hier? Woran liegt das denn?«

»Das möchte ich lieber nicht sagen, Herr Doktor«, meinte Martin. »Darf ich jetzt gehen?« Er drehte sich um und wollte fortlaufen.

Aber der Lehrer hielt ihn fest. »Moment, mein Sohn!«, sagte er. Dann beugte er sich zu dem Jungen hinab und fragte ihn sehr leise, als dürften es nicht einmal die Bäume hören: »Hast du etwa kein Fahrgeld?«

Da war es mit Martins tapferer Haltung endgültig vorbei. Er nickte. Dann legte er den Kopf auf die schneebedeckte Brüstung der Kegelbahn und weinte zum Gotterbarmen. Der Kummer packte den Jungen im Genick und schüttelte und rüttelte ihn hin und her.

Der Justus stand erschrocken daneben. Er wartete eine Weile. Er wusste, dass man mit dem Trösten nicht zu früh beginnen darf. Dann nahm er sein Taschentuch, zog den Jungen zu sich heran und wischte ihm das Gesicht ab. »Na, na«, sagte er. »Na, na.« Er war selber ein bisschen mitgenommen. Er musste ein paarmal energisch husten. Dann fragte er: »Was kostet denn der Spaß?«

»Acht Mark.«

Der Justus holte seine Brieftasche heraus, nahm einen Geldschein und sagte: »So, da hast du zwanzig Mark. Das reicht für die Heimfahrt und für die Rückreise.«

Martin starrte entgeistert auf die Banknote. Dann schüttelte er den Kopf. »Nein, das geht nicht, Herr Doktor.«

Der Justus steckte ihm den Schein in die Jacketttasche und meinte: »Willst du gleich folgen, du Lümmel?«

»Ich habe aber selber noch fünf Mark«, murmelte Martin.

»Ja, willst du denn deinen Eltern nichts schenken?«

»Doch, sehr gern. Aber …«

»Siehst du wohl!«, sagte der Hauslehrer.

Martin rang mit sich. »Vielen, vielen Dank, Herr Doktor. Aber ich weiß nicht, wann Ihnen meine Eltern das Geld zurückzahlen können. Mein Vater hat nämlich keine Stellung. Hoffentlich finde ich Ostern einen Sextaner, dem ich Nachhilfe geben kann. Hat es solange Zeit?«

»Willst du gleich den Mund halten?«, sagte Doktor Bökh streng. »Wenn ich dir am Heiligen Abend das Reisegeld schenke, dürft ihr mir's gar nicht wiedergeben! Das wäre ja noch schöner!«

Martin Thaler stand neben seinem Lehrer und wusste nicht, was er tun und wie er sich bedanken sollte. Endlich griff er zaghaft nach der Hand des Mannes und drückte sie leise.

»Na, nun pack aber deinen Koffer!«, sagte der Justus. »Und grüße deine Eltern schön von mir. Vor allem deine Mutter. Die kenne ich ja schon.«

Der Junge nickte. Dann erwiderte er: »Und grüßen Sie, bitte, auch Ihre Mutter vielmals!«

»Das wird leider nicht möglich sein«, meinte Doktor Bökh. »Meine Mutter ist seit sechs Jahren tot.«

Martin machte eine Bewegung. Es sah fast aus, als wolle er seinem Lehrer um den Hals fallen. Er tat es natürlich nicht, sondern trat respektvoll zurück und blickte den Justus lange und treuherzig an.

»Schon gut«, sagte Doktor Bökh. »Ihr habt mir ja den Nichtraucher beschert. Mit dem werde ich heute Abend Weihnachten feiern. Drüben in seiner Eisenbahnvilla. Und um Uli und dessen Eltern und um Johnny Trotz muss ich mich auch ein bisschen kümmern. Du siehst, sehr viel Zeit zum Einsamsein werde ich gar nicht haben.« Dann klopfte er dem Jungen auf die Schulter und nickte freundlich: »Glückliche Reise, Martin!«

»Und nochmals vielen Dank«, sagte der Junge leise. Dann drehte er sich um und rannte davon.

Antoine de Saint-Exupéry
Der Schatz des Kindes

Und man sagt dir, die Gesichter in dieser Nacht seien anders als
sonst. Denn sie erwarten ein Wunder. Und du siehst, wie die
Alten alle ihren Atem anhalten und gebannt auf die Augen
der Kinder schauen und sich auf großes Herzklopfen gefasst
machen. Denn in den Augen dieser Kinder wird etwas Unfass-
bares geschehen, das nicht mit Gold aufzuwiegen ist. Das ganze
Jahr hindurch hast du es aufgebaut: durch die Erwartung und
durch Versprechen und vor allem durch deine wissenden Mie-
nen und deine geheimen Anspielungen und die Unermesslich-
keit deiner Liebe. Und dann wirst du irgendein unscheinbares
Spielzeug aus gefirnisstem Holz vom Baume nehmen und es
dem Kind reichen, wie es der Überlieferung deiner Bräuche ent-
spricht. Und das ist der Augenblick. Und keiner wagt mehr zu
atmen. Und das Kind klappt mit den Lidern, denn man hat
es frisch aus dem Schlafe geholt. Und nun sitzt es auf deinen
Knien mit dem frischen Geruch des Kindes, das man eben aus
dem Schlaf geholt hat, und wenn es dir um den Hals fällt, be-
reitet es dir einen Brunnen fürs Herz, nach dessen Wasser dich
dürstet. (Und das ist der große Kummer der Kinder, dass man
ihnen einen Quell ausraubt, der in ihnen ist und den sie selbst
nicht kennen und zu dem alle trinken kommen, die im Herzen
gealtert sind, um wieder jung zu werden.) Aber es ist jetzt nicht
die Zeit für Küsse. Und das Kind blickt auf den Baum, und du
blickst auf das Kind. Denn wie eine seltsame Blume, die einmal
im Jahre unter dem Schnee hervorsprießt, gilt es, sein verwun-
dertes Staunen zu pflücken.

Und sieh, da macht dich eine gewisse Farbe der Augen ganz
glücklich. Sie werden dunkel, und plötzlich, sobald das Ge-

schenk es berührt hat, umschlingt das Kind seinen Schatz, um innen sein Licht zu empfangen, so wie die Seeanemonen das tun. Und es würde fliehen, wenn du es fliehen ließest. Und du kannst nicht mehr hoffen, es einzuholen. Sprich nicht zu ihm, es hört dich nicht mehr. Sage mir nur nicht, diese kaum veränderte Farbe sei ohne Gewicht. Denn selbst wenn sie für dein Jahr und den Schweiß deiner Arbeit und das Bein, das du im Kriege verloren hast, und deine durchgegrübelten Nächte und die Kränkungen und Leiden, die du erduldest, der einzige Lohn wäre – sie würde dich doch jetzt entschädigen und dich mit Staunen erfüllen.

Marie Luise Kaschnitz

Das Wunder

Die Schwierigkeit, die man im Verkehr mit Don Crescenzo hat, besteht darin, dass er stocktaub ist. Er hört nicht das Geringste und ist zu stolz, den Leuten von den Lippen zu lesen. Trotzdem kann man ein Gespräch mit ihm nicht einfach damit anfangen, dass man etwas auf einen Zettel schreibt. Man muss so tun, als gehöre er noch zu einem, als sei er noch ein Teil unserer lauten, geschwätzigen Welt.

Als ich Don Crescenzo fragte, wie das an Weihnachten gewesen sei, saß er auf einem der Korbstühlchen am Eingang seines Hotels. Es war sechs Uhr, und der Strom der Mittagskarawanen hatte sich verlaufen. Es war ganz still, und ich setzte mich auf das andere Korbstühlchen, gerade unter das Barometer mit dem Werbebild der Schifffahrtslinie, einem weißen Schiff im blauen Meer. Ich wiederholte meine Frage, und Don Crescenzo hob die Hände gegen seine Ohren und schüttelte bedauernd den Kopf. Dann zog er ein Blöckchen und einen Bleistift aus der Tasche, und ich schrieb das Wort »Natale« und sah ihn erwartungsvoll an.

Ich werde jetzt gleich anfangen, meine Weihnachtsgeschichte zu erzählen, die eigentlich Don Crescenzos Geschichte ist. Aber vorher muss ich noch etwas über diesen Don Crescenzo sagen. Meine Leser müssen wissen, wie arm er einmal war und wie reich er jetzt ist, ein Herr über hundert Angestellte, ein Besitzer von großen Wein- und Zitronengärten und von sieben Häusern. Sie müssen sich sein Gesicht vorstellen, das mit jedem Jahr der Taubheit sanfter wirkt, so als würden Gesichter nur von der beständigen Rede und Gegenrede geformt und bestimmt. Sie müssen ihn vor sich sehen, wie er unter den Gästen seines Hotels umhergeht, aufmerksam und traurig und schrecklich allein. Und dann müssen Sie auch erfahren, dass er sehr gern aus seinem Leben erzählt und dass er dabei nicht schreit, sondern mit leiser Stimme spricht.

Oft habe ich ihm zugehört, und natürlich war mir auch die Weihnachtsgeschichte schon bekannt. Ich wusste, dass sie mit der Nacht anfing, in der der Berg kam, ja, so hatten sie geschrien: der Berg kommt, und sie hatten das Kind aus dem Bett gerissen und den schmalen Felsenweg entlang. Er war damals sieben Jahre alt, und wenn Don Crescenzo davon berichtete, hob er die Hände an die Ohren, um zu verstehen zu geben, dass dieser Nacht gewiss die Schuld an seinem jetzigen Leiden zuzuschreiben sei.

Ich war sieben Jahre alt und hatte das Fieber, sagte Don Crescenzo und hob die Hände gegen die Ohren, auch dieses Mal. Wir waren alle im Nachthemd, und das war es auch, was uns geblieben war, nachdem der Berg unser Haus ins Meer gerissen hatte, das Hemd auf dem Leibe, sonst nichts. Wir wurden von Verwandten aufgenommen, und andere Verwandte haben uns später das Grundstück gegeben, dasselbe, auf dem jetzt das Albergo steht. Meine Eltern haben dort, noch bevor der Winter kam, ein Haus gebaut. Mein Vater hat die Maurerarbeiten gemacht, und meine Mutter hat ihm die Ziegel in Säcken den Abhang hinuntergeschleppt. Sie war klein und schwach, und wenn sie glaubte, dass niemand in der Nähe sei, setzte sie sich einen Augenblick auf die Treppe und seufzte, und die Tränen liefen ihr über das Gesicht. Gegen Ende des Jahres war das Haus fertig, und wir schliefen auf dem Fußboden, in Decken gewickelt, und froren sehr.

Und dann kam Weihnachten, sagte ich, und deutete auf das Wort »Natale«, das auf dem obersten Zettel stand.

Ja, sagte Don Crescenzo, dann kam Weihnachten, und an diesem Tage war mir so traurig zumute wie in meinem ganzen Leben nicht. Mein Vater war Arzt, aber einer von denen, die keine Rechnungen schreiben. Er ging hin und behandelte die Leute, und wenn sie fragten, was sie schuldig seien, sagte er, zuerst müssten sie die Arzneien kaufen und dann das Fleisch für die Suppe, und dann wollte er ihnen sagen, wie viel. Aber er sagte es nie. Er kannte die Leute hier sehr gut und wusste, dass sie kein Geld hatten. Er brachte es einfach nicht fertig, sie zu drängen, auch damals nicht, als wir alles verloren hatten und die letzten Ersparnisse durch den Hausbau aufgezehrt waren. Er versuchte es einmal, kurz vor Weihnachten, an dem Tage, an dem wir unser letztes Holz im Herd verbrannten. An diesem Abend brachte meine Mutter einen Stoß weißer Zettel nach Hause und legte sie vor meinen Vater hin, und dann nannte sie ihm eine Reihe von Namen, und mein Vater schrieb die Namen auf die Zettel und jedes Mal ein paar Zahlen dazu. Aber als er damit fertig war, stand er auf und warf die Zettel in das Herdfeuer, das gerade am Ausgehen war. Das Feuer flackerte sehr schön, und ich freute mich darüber, aber meine Mutter fuhr zusammen und sah meinen Vater traurig und zornig an.

So kam es, dass wir am vierundzwanzigsten Dezember kein Holz mehr hatten, kein Essen und keine Kleider, die anständig genug gewesen wären, damit in die Kirche zu gehen. Ich glaube nicht, dass meine Eltern sich darüber viel Gedanken machten. Erwachsene, denen so etwas geschieht, sind gewiss der Überzeugung, dass es ihnen schon einmal wieder besser gehen wird und dass sie dann essen und trinken und Gott loben können, wie sie es so oft getan haben im Laufe der Zeit. Aber für ein Kind ist das etwas ganz anderes. Ein Kind sitzt da und wartet auf das Wunder, und wenn Das Wunder nicht kommt, ist alles aus und vorbei ...

Bei diesen Worten beugte sich Don Crescenzo vor und sah auf die Straße hinaus, so als ob dort etwas seine Aufmerksamkeit in Anspruch nähme. Aber in Wirklichkeit versuchte er nur, seine Tränen zu verbergen. Er versuchte, mich nicht merken zu lassen, wie das Gift der Enttäuschung noch heute alle Zellen seines Körpers durchdrang.

Unser Weihnachtsfest, fuhr er nach einer Weile fort, ist gewiss ganz anders als die Weihnachten bei Ihnen zu Hause. Es ist ein sehr lautes, sehr fröhliches Fest. Das Jesuskind wird im Glasschrein in der Prozession getragen, und die Blechmusik spielt. Viele Stunden lang werden Böllerschüsse abgefeuert, und der Hall dieser Schüsse wird von den Felsen zurückgeworfen, so dass es sich anhört wie eine gewaltige Schlacht. Raketen steigen in die Luft, entfalten sich zu gigantischen Palmenbäumen und sinken in einem Regen von Sternen zurück ins Tal. Die Kinder johlen und lärmen, und das Meer mit seinen schwarzen Winterwellen rauscht so laut, als ob es vor Freude schluchze und singe. Das ist unser Christfest, und der ganze Tag vergeht mit Vorbereitungen dazu. Die Knaben richten ihre kleinen Feuerwerkskörper, und die Mädchen binden Kränze und putzen die versilberten Fische, die sie der Madonna umhängen. In allen Häusern wird gebraten und gebacken und süßer Sirup gerührt.

So war es auch bei uns gewesen, solange ich denken konnte. Aber in der Christnacht, die auf den Bergsturz folgte, war es in unserem Hause furchtbar still. Es brannte kein Feuer, und darum blieb ich so lange wie möglich draußen, weil es dort immer noch ein wenig wärmer war als drinnen. Ich saß auf den Stufen und sah zur Straße hinauf, wo die Leute vorübergingen und wo die Wagen mit ihren schwachen Öllämpchen auftauchten und wieder verschwanden. Es waren eine Menge Leute unterwegs, Bauern, die mit ihren Familien in die Kirche fuhren, und andere, die noch etwas zu verkaufen hatten, Eier und lebendige Hühner und Wein. Als ich da saß, konnte ich das Gegacker der Hühner hören und das lustige Schwatzen der Kinder, die einander erzählten, was sie alles erleben würden heute Nacht. Ich sah jedem Wagen nach, bis er in dem dunklen Loch des Tunnels verschwand, und dann wandte ich den Kopf wieder und schaute nach einem neuen Fuhrwerk aus; als es auf der Straße stiller wurde, dachte ich, das Fest müsse begonnen haben und ich würde nun etwas vernehmen von dem Knattern der Raketen und den Schreien der Begeisterung und des Glücks. Aber ich hörte nichts als die Geräusche des Meeres, das gegen die Felsen klatschte, und die Stimme meiner Mutter, die betete und mich aufforderte, einzustimmen in die Litanei. Ich tat es schließlich, aber ganz mechanisch und mit verstocktem Gemüt. Ich war sehr hungrig und wollte mein Essen haben, Fleisch und Süßes und Wein. Aber vorher wollte ich mein Fest haben, mein schönes Fest …

Und dann auf einmal veränderte sich alles auf eine unfassbare Art. Die Schritte auf der Straße gingen nicht mehr vorüber, und die Fahrzeuge hielten an. Im Schein der Lampen sahen wir einen prallen Sack, der in unseren Garten geworfen, und hochgepackte Körbe, die an den Rand der Straße gestellt wurden. Eine Ladung Holz und Reisig rutschte die Stufen herunter, und als ich mich vorsichtig die Treppe hinauf tastete, fand ich auf dem niederen Mäuerchen, auf Tellern und Schüsseln, Eier, Hühner und Fisch. Es dauerte eine ganze Weile, bis die geheimnisvollen Geräusche zum Schweigen kamen und wir nachsehen konnten, wie reich wir mit einem Male waren. Da ging meine Mutter in die Küche und machte Feuer an, und ich stand draußen und sog inbrünstig den Duft in mich ein, der bei der Verbindung von heißem Öl, Zwiebeln, gehacktem Hühnerfleisch und Rosmarin entsteht.

Ich wusste in diesem Augenblick nicht, was meine Eltern schon ahnen mochten, nämlich, dass die Patienten meines Vaters, diese alten Schuldner, sich abgesprochen hatten, ihm Freude zu machen auf diese Art. Für mich fiel alles vom Himmel, die Eier und das Fleisch, das Licht der Kerzen, das Herdfeuer und der schöne Kittel, den ich mir aus einem Packen Kleider hervorwühlte und so schnell wie möglich überzog. Lauf, sagte meine Mutter, und ich lief die Straße hinunter und durch den langen finsteren Tunnel, an dessen Ende es schon glühte und funkelte von buntem Licht. Als ich in die Stadt kam, sah ich schon von weitem den roten und goldenen Baldachin, unter dem der Bischof die steile Treppe hinaufgetragen wurde. Ich hörte die Trommeln und die Pauken und das Evvivageschrei und brüllte aus Leibeskräften mit. Und dann fingen die großen Glocken in ihrem offenen Turm an zu schwingen und zu dröhnen.

Don Crescenzo schwieg und lächelte freudig vor sich hin. Gewiss hörte er jetzt wieder, mit einem inneren Gehör, alle diese heftigen und wilden Geräusche, die für ihn so lange zum Schweigen gekommen waren und die ihm in seiner Einsamkeit noch viel mehr als jedem anderen Menschen bedeuteten: Menschenliebe, Gottesliebe, Wiedergeburt des Lebens aus dem Dunkel der Nacht.

Ich sah ihn an, und dann nahm ich das Blöckchen zur Hand. Sie sollten schreiben, Don Crescenzo. Ihre Erinnerungen. – Ja, sagte Don Crescenzo, das sollte ich. Einen Augenblick richtete er sich hoch auf, und man konnte ihm ansehen, dass er die Geschichte seines Lebens nicht geringer einschätzte als das, was im Alten Testament stand oder in der Odyssee. Aber dann schüttelte er den Kopf. Zu viel zu tun, sagte er.

Und auf einmal wusste ich, was er mit all seinen Umbauten und Neubauten, mit der Bar und den Garagen und dem Aufzug hinunter zum Badeplatz im Sinne hatte. Er wollte seine Kinder schützen vor dem Hunger, den traurigen Weihnachtsabenden und den Erinnerungen an eine Mutter, die Säcke voll Steine schleppt und sich hinsetzt und weint.

Dominique Marchand

Stille Nacht Zaubernacht

Die Nacht war kalt, eisig der Wind.

Daheim aber brannten die Kerzen, und jeder, der noch draußen war, eilte nach Hause und freute sich schon auf diesen Abend, den schönsten Abend des Jahres.

Nur ein Mann lief ziellos durch die leeren Straßen. – Er hatte kein Zuhause.

Da und dort sahen ihm die Leute nach, wenn er vorüberging.

Der Mann drehte sich nicht um.

Wortlos ging er vorbei, pfiff nur vor sich hin.

Sachte fiel der Schnee auf seinen weißen Bart.

Doch er war nicht allein in dieser kalten Nacht.

Seinen Spuren im Schnee folgte ein kleiner Hund.

Wo war denn sein Zuhause?

Ein Stern schimmerte an seinem Halsband.

Als der Mann den Hund bemerkte, erhellte sich sein Blick.

»Na, wo kommst du denn her? Bist du auch allein!?«

Der Hund schaute ihn an.

Im Schutz einer Tanne fanden sie einen Platz.

Dort teilte der Mann mit seinem Gast ein Stück Brot.

Und da Heiligabend war, erzählte der Mann noch eine Weihnachtsgeschichte, die er früher als Kind oft gehört hatte. Danach summte er ein Lied.

Der Wind blies immer kälter.

Bald froren die beiden so sehr, dass sie in einer Hütte Zuflucht suchten.

Lange saßen sie still im Stroh beim Kerzenschein.

Plötzlich fing der Hund an zu sprechen:

»Ich bin ein Zauberer!«

»Was! Ein Zauberer?«, staunte der Mann.

»Du bist so gut gewesen zu einem armen Hund«, sagte der Zauberer, »dass ich dir einen Wunsch erfüllen will. Sage mir, was du möchtest.«

Er musste nicht lange überlegen.

»Ich habe mir schon immer einen Hund gewünscht.«

Ein kleiner Hund als Freund, das war sein größter Wunsch!

Der Zauberer schwieg lange.

Dann gab er seine Zauberkraft für immer auf.

Dieser Freund wollte er sein.

Und als der neue Tag anbrach, zog der Mann weiter – und sein Hund folgte ihm.

Françoise Sagan
Eine Hundenacht

Monsieur Ximenestre hatte viel Ähnlichkeit mit einer Zeich-
nung von Chaval. Er war korpulent und sah etwas schwachsinnig, aber im Übrigen sympathisch aus. Doch jetzt, Anfang Dezember, trug er einen so bekümmerten Ausdruck zur Schau,
dass jeder Vorübergehende, der ein Herz besaß, das törichte
Verlangen verspürte, ihn anzusprechen. Der Grund für seinen
Kummer waren die bevorstehenden Feiertage, denen Monsieur
Ximenestre, sonst ein guter Christ, in diesem Jahr voll Abscheu
entgegensah, denn er hatte keinen Pfennig, um Madame Ximenestre zu beschenken, die indes sehr erpicht darauf war, seinen
Sohn Charles, einen Nichtsnutz, und seine Tochter Augusta, eine vortreffliche Calypsotänzerin. Nicht einen Pfennig, so war
die Lage. Und weder stand eine Gehaltserhöhung in Aussicht,
noch kam eine Kreditaufnahme in Frage. Die eine hatte er
schon erhalten, die andere war bereits in Anspruch genommen,
ohne dass Madame Ximenestre und die Kinder es wussten, und
zwar, um dem neuen Laster desjenigen zu frönen, der doch ihr
Ernährer hätte sein sollen: der unheilvollen Spielleidenschaft
von Monsieur Ximenestre. Es war nicht das gewöhnliche Spiel,
bei dem das Gold auf dem grünen Filz des Spieltischs rollt,
auch nicht jenes, bei dem Pferde auf der grünen Rasenmatte
keuchen, sondern ein in Frankreich noch unbekanntes Spiel,
das leider in einem Café des XVII. Arrondissements im Schwan-
ge war, wo sich Monsieur Ximenestre jeden Abend einen roten
Martini genehmigte, ehe er nach Hause ging: es wurde mit
kleinen Pfeilen, einem Blasrohr und Tausendfrancscheinen gespielt. Alle Stammgäste waren ganz wild darauf, abgesehen von
einem, der aufhören musste, weil er Herzgeräusche hatte. Die-

ses spannende Spiel, von einem im Stadtviertel unbekannten Australier eingeführt, hatte rasch die Gründung eines sozusagen geschlossenen Klubs zur Folge gehabt, der im Hinterzimmer tagte, wo der begeisterte Wirt das kleine Billard geopfert hatte.

Kurz, Monsieur Ximenestre hatte sich dabei ruiniert, und das nach vielversprechenden Anfängen. Was tun? Wo könnte er das Geld pumpen, um die Handtasche, das kleine Moped und den Plattenspieler zu bezahlen, die zu schenken er sich nach einigen sehr präzisen Andeutungen bei Tisch, wie er sehr wohl wusste, verpflichtet hatte? Die Tage verstrichen, ringsum leuchteten die Augen voll Vorfreude, und der Schnee begann fröhlich zu fallen. Monsieur Ximenestres Teint wurde gelb, und er wünschte, er würde krank werden. Vergeblich.

Am Morgen des 24. Dezember verließ Monsieur Ximenestre das Haus, gefolgt von drei beifälligen Blicken, denn die täglich von Madame Ximenestre durchgeführte Durchsuchung der Wohnung hatte noch nicht zur Entdeckung der erwarteten kostbaren Pakete geführt. »Er macht sich noch rechtzeitig dran«, dachte sie mit einiger Verbitterung, aber ohne die geringste Beunruhigung. Auf der Straße wickelte sich Monsieur Ximenestre seinen Schal dreimal ums Gesicht, und diese Geste ließ ihn einen Moment einen Raubüberfall ins Auge fassen. Ein Gedanke, den er zum Glück rasch verwarf. Er setzte sich in Marsch mit dem Gang eines Bären, schleppend und gutmütig, und landete dann auf einer Bank, auf der ihn der Schnee rasch in einen Eisberg verwandelte. Der Gedanke an die Pfeife, die lederne Aktentasche und die rote Krawatte (im Übrigen untragbar), von denen er wusste, dass sie ihn zu Hause erwarteten, machte das Maß seiner Trostlosigkeit voll.

Einige Passanten, erhitzt und tänzelnd, Bindfäden und Pakete an jedem Finger, kurzum Familienväter, die dieses Namens würdig waren, kamen vorbei. Zwei Schritte von Monsieur Ximenestre entfernt hielt eine Limousine; eine Traumgestalt, gefolgt von zwei Hündchen, stieg aus. Monsieur Ximenestre, wenngleich dem schönen Geschlecht sehr zugetan, betrachtete sie ohne den geringsten Hintergedanken. Dann fiel sein Blick auf die Hunde, und seine Augen leuchteten plötzlich auf. Er schüttelte den Haufen Schnee ab, der sich auf seinem Schoß angesammelt hatte, stand eilig auf und stieß einen Ruf aus, den der ihm von seinem Hut in die Augen und auf den Hals fallende Schnee erstickte.

»Ins Tierheim!«, waren seine Worte.

Das Tierheim war ein recht düsterer Ort voller trauriger oder aufgeregter Hunde, die Monsieur Ximenestre ein wenig erschreckten. Er entschied sich schließlich für ein ziemlich undefinierbares Tier, was die Rasse und die Farbe betraf, das aber, nach dem Ausdruck der Augen zu urteilen, sanftmütig war. Und Monsieur Ximenestre ahnte, dass es unendlicher Sanftmut bedurfte, um eine Handtasche, einen Plattenspieler und ein Moped zu ersetzen. Er taufte seinen Hund sofort Médor, nahm ihn an die Strippe und ging auf die Straße.

Médors Freude äußerte sich in einer Raserei, die sich unwillkürlich auf Monsieur Ximenestre übertrug, der erstaunt war über die hündische Kraft. Er wurde einige hundert Meter in vollem Trab mitgezogen (denn der Ausdruck Galoppieren ließ sich schon lange nicht mehr auf Monsieur Ximenestre anwenden) und stieß schließlich mit einem Passanten zusammen, der etwas von »dreckigen Viechern« brummte. Wie ein Wasserskifahrer dachte Monsieur Ximenestre, dass es vielleicht besser wäre, die Strippe loszulassen und nach Hause zu gehen. Aber Médor sprang kläffend und fröhlich an ihm hoch, sein gelbliches und schmutziges Fell voller Schnee, und Monsieur Ximenestre schoss der Gedanke durch den Kopf, dass er schon lange nicht mehr so angeschaut worden war. Es gab ihm einen Stich ins Herz. Seine blauen Augen versenkten sich in Médors braune Augen, sie erlebten eine Sekunde unsagbarer Süße.

Médor fasste sich als Erster. Er machte sich wieder auf den Weg, und das Wettrennen ging weiter. Monsieur Ximenestre dachte flüchtig an den anämischen Basset, der Médors Nachbar gewesen war und den er nicht einmal in Betracht gezogen hatte, weil er der Meinung war, ein Hund müsse dick sein. Jetzt rannte er buchstäblich in fliegender Eile nach Hause. Es gab nur einen Aufenthalt von einer Minute in einem Café, wo Monsieur Ximenestre drei Grogs zu sich nahm und Médor drei Stück Zucker, die ihm die mitleidige Wirtin anbot: »Und bei diesem Wetter, das arme Tier hat ja nicht einmal ein Mäntelchen!« Monsieur Ximenestre schnaufte und antwortete nicht.

Der Zucker hatte eine belebende Wirkung auf Médor ausgeübt, aber es war ein Gespenst, das bei den Ximenestres läutete. Madame Ximenestre öffnete die Tür, Médor stürzte hinein, und Monsieur Ximenestre, vor Müdigkeit schluchzend, sank seiner Frau in die Arme.

»Aber was ist denn das?«

Dieser Schrei entrang sich der Brust von Madame Ximenestre.

»Das ist Médor«, sagte Monsieur Ximenestre, und mit dem Mut der Verzweiflung fügte er hinzu: »Fröhliche Weihnachten, meine Liebe!«

»Fröhliche Weihnachten? Fröhliche Weihnachten?« Ihr versagte die Stimme. »Was willst du damit sagen?«

»Heute ist doch der 24. Dezember!«, rief Monsieur Ximenestre, den die Wärme und die Sicherheit wieder zu sich brachten. »Nun ja, zu Weihnachten schenke ich dir, schenke ich euch«, verbesserte er sich, denn seine Kinder kamen mit weit aufgerissenen Augen aus der Küche, »schenke ich euch Médor. Da ist er.«

Entschlossenen Schrittes ging er in sein Zimmer. Aber er sank gleich auf sein Bett und griff nach seiner Pfeife, einer Pfeife aus dem Krieg 1914/18, von der er zu sagen pflegte, dass sie »einiges mitgemacht« habe. Mit zitternder Hand stopfte er sie, zündete sie an, steckte die Beine unter die Steppdecke und wartete auf den Angriff.

Bleich, angsterregend bleich, dachte Monsieur Ximenestre bei sich, betrat Madame Ximenestre fast sofort sein Zimmer. Seine erste Reaktion war eine Schützengrabenreaktion: er versuchte, ganz unter die Steppdecke zu kriechen. Von ihm war nur noch eine seiner wenigen Haarsträhnen und der Rauch seiner Pfeife zu sehen. Aber das genügte für den Zorn von Madame Ximenestre:

»Kannst du mir sagen, was das für ein Hund ist?«

»Das ist eine Art flandrischer Schäferhund, glaube ich«, ließ sich schwach die Stimme von Monsieur Ximenestre vernehmen.

»Eine Art flandrischer Schäferhund?« Ihre Wut steigerte sich um eine Tonlage. »Und weißt du, was dein Sohn zu Weihnachten erwartet? Und deine Tochter? Was mich betrifft, so weiß ich, dass ich nicht zähle …

Aber sie? Und du bringst ihnen dieses schreckliche Tier?«

Médor kam gerade herein. Er sprang auf Monsieur Ximenestres Bett und legte sich neben ihn, den Kopf auf seinem Kopf. Zärtliche Tränen, zum Glück durch die Steppdecke verborgen, traten seinem Freund in die Augen.

»Das ist ein starkes Stück«, fand Madame Ximenestre. »Bist du überhaupt sicher, dass das Tier keine Tollwut hat?«

»In diesem Fall wärt ihr zwei«, erwiderte Monsieur Ximenestre kühl.

Diese abscheuliche Antwort bewirkte, dass Madame Ximenestre verschwand. Médor leckte seinen Herrn und schlief ein.

Um Mitternacht gingen die Ehefrau und die Kinder von Monsieur Ximenestre, ohne ihn zu verständigen, zur Mitternachtsmesse. Ein leichtes Unbehagen überkam ihn, und um Viertel vor eins beschloss er, mit Médor fünf Minuten Gassi zu gehen. Er wickelte sich seinen dicken Schal um und begab sich langsamen Schritts zur Kirche, während Médor an allen Haustüren schnüffelte. – Die Kirche war gerammelt voll, und Monsieur Ximenestre versuchte vergeblich, die Tür zu öffnen. Er wartete also vor der Vorhalle, im Schnee, den Schal bis unter die Augen gezogen, und die Choräle der guten Christen hallten in seinen Ohren wider. Médor zog so fest an der Strippe, dass er sich schließlich hinsetzte und die Strippe an seinen Fuß band. Die Kälte, die Aufregungen hatten seine schon verwirrten Sinne allmählich abgestumpft, so dass er nicht mehr sehr genau wusste, was er da eigentlich machte. So kam es, dass er von dem Strom der ausgehungerten Gläubigen überrascht wurde, die eilig die Kirche verließen. Er hatte nicht mehr Zeit gehabt, aufzustehen und die Strippe aufzuknoten, als schon eine junge Stimme rief: »Oh, der hübsche Hund! Oh, der arme Mann! Warte einen Augenblick, Jean-Claude.«

Und ein Fünffrancstück fiel dem verstörten Monsieur Ximenestre auf den Schoß. Er stand auf, stammelte etwas, und der als Jean-Claude Angeredete gab ihm, gerührt, ebenfalls eine Münze und wünschte ihm fröhliche Weihnachten.

»Aber«, stammelte Monsieur Ximenestre, »aber hören Sie mal …«

Man weiß, wie ansteckend die Barmherzigkeit sein kann. Alle oder fast alle Gläubigen, die die Kirche durch den rechten Ausgang verließen, gaben Monsieur Ximenestre und Médor ihr Scherflein. Schneebedeckt, verstört, versuchte Monsieur Ximenestre vergeblich, es ihnen auszureden.

Madame Ximenestre und ihre Kinder hatten die Kirche durch

den linken Ausgang verlassen und kehrten nach Hause zurück. Monsieur Ximenestre kam kurz danach, entschuldigte sich für seinen Scherz vom Nachmittag und überreichte jedem die Summe, die dem Geldwert seines Geschenks entsprach. Der Mitternachtsschmaus wurde sehr fröhlich. Dann ging Monsieur Ximenestre mit Médor ins Bett, der sich zur Genüge an Pute gütlich getan hatte, und sie schliefen beide den Schlaf der Gerechten.

Eugen Roth

Das Weihnachtsbild

Der altertümliche Herr, der dort kerzengerade, aber doch ein wenig wackelig, durch den nassen Dezembersturm geht, ist der Hofrat Farny. Kein Mensch weiß, warum er Hofrat ist, was er alles getrieben hat in seinem langen Leben, ob er Arzt war oder Gelehrter, Beamter vielleicht im alten Österreich; kein Mensch weiß auch, wovon er lebt, wovon er gelebt hat in all den Jahren, seit er hier aufgetaucht ist, in der mäßig großen fränkischen Stadt, in der er jetzt durch den nassen Schnee wandert, in einem schier dürftigen Winterrock, der windflatternd um seine Knie schlägt, den bartlosen Geierkopf unterm breiten Hut vorgestreckt, ohne Blinzeln in das Gestöber hineinblickend, ein verwetztes, leeres Mäppchen unter den Arm geklemmt.

Ja, das Mäppchen ist noch leer, er kann es gleichgültig halten, so oder so, es schadet nicht viel, ob es feucht wird, ob es der Wind aufblättert. Wenn er aber Glück hat, wird er es behutsam nach Hause tragen, mit köstlichen Erwerbungen gefüllt, alten Stichen und Steinzeichnungen, Pergamentmalereien oder Aquarellen, wie er sie, vielleicht, finden würde in den Läden und Gewölben der vier, fünf Trödler und Antiquare, die es hier gab. Er war ein Sammler, ein Liebhaber, ja; und wie ein Liebhaber zog er jetzt aus, das Abenteuer zu suchen. Feurige Gedanken und kühne Hoffnungen bewegten sein Herz; es konnte ihm gelingen, den großen Fang zu tun, den unwahrscheinlichen Schatz zu heben. Und wie ein Freier davon träumt, der Braut zu begegnen, sie zu gewinnen, sie heimzuführen, wie er davon schwärmt, des herrlichen, nicht mehr bestrittenen Besitzes sich zu freuen, so gedachte der alte Hofrat, die noch leere Mappe durch den Winternachmittag tragend, in ahnender Lust der wunderbaren

Stunde, da er seine Eroberungen daheim, unterm Lampenlicht auf den Tisch breiten würde, nicht heute, nein, da wird er sich bezwingen; aber morgen Abend, am 24. Dezember, da wollte er es tun. Zwei Pakete, von auswärtigen Händlern, Ansichtssendungen, hatte er schon zu Hause liegen; hatte sie nicht aufgemacht, wie sehr ihn danach verlangte. Dies sollte sein Weihnachten werden; seine Christbescherung. Mochten andere sich ein Bäumchen putzen, sich mit Geschenken überraschen – das lag weit hinter ihm. Zwei Frauen hatte er begraben, der einzige Sohn war ihm gefallen. Seitdem gehörte seine Liebe den kleinen Dingen am Rande der großen Kunst. Und wenn der Hofrat heute auszog, einen Fund zu tun, sein Weihnachtsgeschenk zu holen, dann dachte er nicht an meisterliche Kostbarkeiten; so unbescheiden kam er dem Schicksal nicht. Aber warum sollte er nicht das eine oder andere Blättchen finden, das wie für ihn bestimmt schien, das wie eine Sprosse war für die Leiter seiner eigenwillig ausgerichteten Sammlung, wohlfeil und doch nicht für alles Geld der Welt aufzutreiben, wenn es einem nicht der holde Zufall in den Weg warf. Und dieser Zufall, dieses Glück musste heute mächtig sein. Der alte Mann witterte es. Mit dem gespannten Ausdruck eines Jägers klinkte er die Türe des ersten Ladens auf, den er bei seinem Pirschgang besuchen wollte. Den ergiebigsten Platz freilich, wo er sich wirklich Beute erhoffen durfte, sparte er sich bis zum Schluss auf: die Höllriegel'sche Kunsthandlung an der Korbiniansbrücke.

Auf der Korbiniansbrücke stand in derselben Stunde ein anderer Herr müßig im leiser werdenden Schneetreiben, ein jüngerer Mann, gemessen am alten Hofrat, wohlvergraben im weichen Flauschmantel, mit festen Schuhen unbekümmert in der Nässe und schaute ins trübe Wasser hinab oder in die schon dämmernden Straßen hinein, bis zur Kirche, deren Turm im Dunst verschwand. Er hatte Zeit dazu, herumzustehen, er hatte mehr Zeit an diesem Nachmittag, als ihm lieb war. Weiß Gott, er war sonst ein eiliger Mann, in Hamburg, wo er daheim war, ein vielbeschäftigter, ein Architekt, Hansen hieß er und Zeit war Geld für ihn. Aber heute und hier, was sollte er treiben, den ganzen Nachmittag, in einer mittelgroßen, fremden Stadt. Er war mittags gekommen, eine wichtige Besprechung mit den Behörden war auf morgen früh verlegt worden, eine dumme Geschichte, er musste den Mittagszug noch erreichen, wenn er am Christabend, spät genug, noch daheim sein wollte.

Und was er morgen an Zeit zu wenig haben würde, das hatte er heute zu viel, er stand herum, zum Wein konnte er doch nicht gehen, was sollte er sonst den Abend tun, den ganzen Abend, der war noch lang genug zum Trinken und zum Sinnieren. Gewiss, hinterher, wenn er wieder im Zuge saß, würde es ihm einfallen, dass er den und jenen Bekannten hier hatte, aber jetzt fiel ihm keiner ein. Er ging ein paar Schritte weiter, er sah gleichmütig in die Auslagen, voller passender Festgeschenke, für wen wohl passend, lächelte er, für ihn gewiss nicht. Er sah auch in die Fenster der Höllriegel'schen Kunsthandlung, im halben Licht bot sich ihm ein Wust von Büchern und Trödel, von Möbeln, Teppichen, Bildern, Waffen und altem Kunstgewerbe. Und mit einmal lagen die nächsten Stunden freundlicher vor ihm: hier würde er sie verschmökern, in zielloser Jagd nach dem glücklichen Zufall.

Er trat ein, fragte das verlegen aufwachende Mädchen mit fröhlicher Gelassenheit, ob er sich, ohne bestimmte Kaufabsicht, umsehen dürfe, und ließ sich hier einen Krug und dort ein Bild zeigen, griff wohl auch selbst nach einem Buch oder einem Blatt und kam mehr und mehr mit dem Mädchen, das seine Schüchternheit vergaß, ins Plaudern. Im Hintergrund des weitläufigen Ladens fand er in einem Gestell eine Mappe, trug sie unters Licht und begann, sie zu durchblättern.

Der alte Hofrat hatte recht gewittert: der holde Zufall, das Glück war heute mächtig. Nach einer Reihe von belanglosen Dingen, als er schon ermüden wollte, fand der Architekt das entzückendste Bildchen, das sich denken lässt. Beileibe kein Werk von großer Kunst, ja offenbar überhaupt von der Hand eines Stümpers, aber ein Bildchen, in das jeder empfindsame Mensch verliebt sein musste, auf den ersten Blick. Rührend gezeichnet und in sauberen, ein wenig grellen Wasserfarben getuscht, stellte es ein Biedermeierzimmer am Christabend dar. In der Mitte des Raumes stand der Gabentisch, mit einem hölzernen Reiter darauf, einem vierspännigen Planwagen und einer Puppenküche. Darüber zwei Christbäumchen, mit Lichtern geputzt und mit buntem Marzipan behängt. Der Vater steht dort, das jauchzende Jüngste im Arm, zwei Schwesterchen küssen sich, ein Bub schiebt ein Wägelchen, sein Geschenk, quer durch das Zimmer, Mutter und Großmutter aber schauen gerührt auf zwei weitere Geschwister, die ein paar arme Nachbarskinder bescheren. Auf dem mächtigen, weinroten Kanapee aber lehnt, völlig vergessen, eine allerliebst gekleidete Puppe.

Der Architekt fragte, so beiläufig wie er es in seiner Freude vermochte, was dieses Bildchen koste. Er machte sich insgeheim auf einen bedeutenden Preis gefasst, entschlossen, ihn zu zahlen, wenn er nicht gar zu unsinnig wäre: Das Mädchen entzifferte die Auszeichnung und sagte stockend, als wäre es zu viel: Dieses Bildchen kostet fünf Mark. Der Kunde, der dreißig gerne gezahlt hätte und bei fünfzig kaum schwankend geworden wäre, griff unverzüglich in die Tasche und legte ein blankes Fünfmarkstück auf den Tisch.

Im selben Augenblick ging die Tür und aus dem Schneedunkel traten zwei Männer herein, zwei Greise, ein kleiner, wieselflinker, der dienernd voranging, und ein großer, bolzengerader, der starr stehenblieb, als er, mit einem Blick, den Fremden gewahrte, über die Mappe gebeugt.

Da habe er es noch gerade recht getroffen, rief der muntere Alte, er wisse ja, wann der Hofrat zu kommen pflege, und er habe ihm ja auch was besonders Schönes hergerichtet; er wisse, was er einem alten Kunden zu Weih –; er blieb mitten im Wort stecken, denn nun hatte auch er gesehen, dass die Blätter, die dieser Fremde durchforschte, eben die waren, die er für den Hofrat bestimmt hatte.

Der Architekt merkte nichts von der heillosen Verwirrung, die ihn umgab und die auch das Mädchen ergriffen haben musste unter dem bittern Schweigen des Hofrats und den zornigen und hilflosen Blicken ihres Großvaters. Gelassen schloss er die Mappe, in der nichts weiter seine Aufmerksamkeit erregt hatte. Der Händler griff mit allen Fingern danach: »Sie sind fertig, mein Herr? Sie haben nichts gefunden?«, rief er gierig und warf einen erlösten, einen sieghaften Blick auf den Hofrat; auch dieser trat, wie aus einem Bann gelöst, hastig näher.

Der Architekt, ein wenig verwundert, aber nicht begreifend, sagte ganz ruhig, nein, er habe nichts weiter gefunden, außer diesem Bildchen, das er bereits gekauft und bezahlt habe. Fünf Mark, es habe wohl seine Richtigkeit, das Geld liege übrigens noch auf dem Tisch. Und er nahm das Bild, das von andern Blättern halb verdeckt gewesen war, und hielt es dem Händler hin.

Der zuckte schmerzlich zusammen; der Teufel hätte nicht tückischer wählen können als dieser zur Unzeit hergelaufene Kunde! Er hätte gar zu gern dem fremden Herrn dieses Bild wieder abgejagt, dieses Aquarell, das er seit einem halben Jahr verborgen gehalten hatte, um den Hofrat damit zu überraschen. Aber an dem Kauf war nichts zu drehen und zu deuten. Sollte er den Preis für einen Irrtum seiner Enkelin erklären und eine verrückte Summe verlangen? Ja, wenn die geheime Zahl zweistellig gewesen wäre – aber hier stand deutlich ein einzelner Buchstabe! Und dem Herrn alles erzählen, die ganze Schuld auf das Mädchen schieben – er hatte einen Ausweg gefunden: »Nicht wahr, Herr Hofrat«, sagte er und blinzelte hinüber, »Sie hatten doch dieses Bild bereits fest erworben, es ist nur aus Versehen – meine Enkelin konnte nicht wissen –« Sein Versuch scheiterte an dem harten Blick des Hofrats, der kalt und mühsam hervorbrachte, indem er sich ein wenig altmodisch gegen den Architekten verneigte: er könne sich nicht entsinnen, es müsste bei dem bleiben, dass der Herr ihm zuvorgekommen sei, und einen Hirschen könne man nicht zweimal schießen. Und er fragte bescheiden, ob er das Blatt näher betrachten dürfe.

Der Architekt, der sich gern mit seiner Beute aus dem Staube gemacht hätte, denn es wurde ihm unbehaglich, gab mit ausgesuchter Höflichkeit dem alten Herrn das Bild. Der trat unter die Lampe und betrachtete es; was, betrachten! Mit den Augen verschlang er's, mit der Nase befuhr er's, mit den Lippen schmeckte er es; er würgte es gierig in sich hinein, dann wieder, wie vergessend, dass es ihm nicht gehöre, überglänzte er es mit seligen Blicken. Dies sei, sagte er endlich, das erste Bild, das ihm unterkomme, auf dem die Christbäume hängend, von der Decke herab, dargestellt seien. Und er erzählte, wie um einen Vorwand zu haben, das Blatt noch nicht weggeben zu müssen, vom alten Heidenbrauch des spukwehrenden Wintergrüns, lachte, dass der erste Pfarrer, der »gegen die waldnachteilige Verhackung der Weihnachtsbäume« gewettert hatte, ausgerechnet Dannhauser geheißen habe, und brachte eine Reihe von Schnurren und Anmerkungen vor, eifrig redend, als gelte es, einen Zauberkreis von Worten um das Bild, das unselig verlorne, rasend begehrte und nach geheimem Recht ihm gehörige Bild zu schließen.

In der Tat benützte der Architekt denn auch die erste Lücke des Gesprächs, ihm die Beute zu entreißen, indem er auf die Uhr sah, etwas von höchster Zeit murmelte und die Hand, höflich aber bestimmt, gegen das Blatt hinstreckte. Der Hofrat genoss den unwiderruflich letzten Blick auf das geliebte Blatt mit trunkenen Augen; seine Hand zitterte, er stieß einen ächzenden Seufzer aus, dann hielt er es schwankend in die Luft, abgewandten Gesichts, wie verlöschend in Qual. Der Architekt, beschämt und unschlüssig, ob er etwas sagen sollte, nahm das Bild, rollte es zusammen, steckte es in die weite Brusttasche seines Mantels und verließ mit raschem Gruß den Laden, überzeugt, dass hinter ihm ein Wirbelsturm der Wut, der Verzweiflungen und Verwünschungen losbreche. Er kam sich, während er durch den inzwischen weiß und dicht gefallenen Schnee seinem Gasthof zustrebte, bald wie ein großartiger Glückspilz vor, bald wie ein flüchtender Attentäter. Das tapfere und hoffnungslose Gesicht des alten Herrn wollte ihm nicht aus dem Sinn, ja, es schwamm vor ihm her im zitternd rieselnden Schnee. Weiß Gott, wenn der Hofrat die zugeworfene Rettungsleine ergriffen, wenn er beschworen hätte, das Bild gekannt und so gut wie gekauft zu haben, ob er, der Architekt, dann die Scherereien des Rechtbehaltens auf sich genommen hätte. Ein ritterlicher Mensch, das war er, der wunderliche Kauz; wer weiß, was der alles erlebt hat, bis er so geworden ist! Ob ich auch einmal so werden würde, gierig auf ein Bildchen, kindisch, wenn ich's nicht bekomme – der alte Knabe hätte doch beinahe das Heulen angefangen. Ob ich so werde? Ich bin ja schon so! Einem armen Teufel sein Weihnachtsvergnügen nehmen, pfui! Hätt' ich's ihm doch gelassen! Kunststück, etwas entdecken, was für den andern vielleicht schon hergerichtet war. – Er schämte sich; auf der Stelle wollte er umkehren; aber der Trotz verbot es ihm. Und was ging ihn ein fremder Herr an. Und schließlich war es ein reizendes Bild, gut und gerne seine fünfzig Mark wert, auch wenn es nur fünf gekostet hatte. Einen so seltenen Fang lässt man nicht wieder fahren, einer flüchtigen Wallung des Herzens zuliebe.

Er ging auf sein Zimmer, holte das Bild aus der Tasche, betrachtete es, sorgfältig und ohne Überschwang. Sehr nett, dachte er, aber eigentlich nichts weiter. Wenn man es ohne Gnade beschaut, gibt es nicht viel her. Für den Hofrat freilich, den armen Alten, wird es zum verzehrenden Gaukelspiel des Unerreichten, schöner von Tag zu Tag ... Der Unglückliche! Tut mir leid, aber –

Er warf wieder einen Blick auf das bunte Blatt, es gefiel ihm jetzt über die Maßen, nie würde er es hergeben. Der Hofrat – was kümmerte ihn der Hofrat! – wird jetzt auch heimgekommen sein, nichts wird er haben, um es auf den Tisch zu breiten, an das Bild hier wird er denken, mit brennendem Herzen.

Der Architekt schalt sich selber einen gefühlsseligen Narren, warf das Bild in die Tischlade, machte sich für den Abend zurecht und trat wieder ins Freie. Heute werd ich ordentlich eins trinken, dachte er. Und tat es auch. Über vieles wollte er nachdenken, ein einsamer Zecher, wie selten hatte er Muße dazu, so gut zu sitzen und die Gedanken schweifen zu lassen über die Jahre, die schon gelebten und die noch zu lebenden, ins Ungewisse hinein und mit welcher Kraft des Herzens. Aber wohin er seine Seele auch sandte, der alte Mann holte ihn ein, in hundert Verwandlungen, auf tausend Wegen kam er ihm entgegen, trat an den Tisch zu dem Trinkenden, flehte um das Bild.

Und jetzt erst recht nicht, sagte der Architekt und sagte es fast laut vor sich hin und setzte noch einen Schoppen drauf und noch einen. Und spürte doch, dass ihm das Bild nicht mehr gehöre.

Er ging spät in den Gasthof zurück, schlief schwer, erwachte wirr, sah, dass es schon hohe Zeit war, zu der Besprechung zu gehen, machte sich eilig fertig, frühstückte voll Hast und bestellte den Diener mit dem Koffer an die Bahn zu dem Mittagszug, mit dem er fahren wollte, den er unbedingt erreichen musste.

Die Besprechung war anstrengend, der Architekt war ganz Fachmann und genauer Rechner, viel stand auf dem Spiel. Mit knapper Not wurde bis zur Mittagsstunde eine vorläufige Einigung erzielt, um 12 Uhr 36 ging der Zug, er stieg in das Taxi, auf dem Bahnhof war ein bewegtes Treiben, natürlich, am Tage vor Weihnachten! Mit dem Worte Weihnachten fiel ihm der Hofrat ein und das Bild – das Bild, das wahrhaftig jetzt im Hotel liegengeblieben war, im Schubfach!

Der Diener stand da mit dem Koffer. Es eilte sehr. »Hören Sie«, sagte der Architekt, »ich habe ein Bild liegengelassen –« »Wird nachgeschickt!«, fiel ihm der Diener beflissen ins Wort. Aber der Reisende, indem er sich schon aufs Trittbrett schwang, lachte plötzlich, und es war das gute Lachen des Siegers, der sich selbst bezwingt: »Nein«, rief er, »nicht nachschicken! Tragen Sie es gleich, jetzt, sobald Sie heimkommen, zu dem Antiquar an der Brücke, er soll es dem Hofrat bringen, dem es gehört. Und die fünf Mark, die es gekostet hat, soll er seiner Enkelin geben, als Schmerzensgeld, denn sie wird genug gescholten worden sein!« Und der Diener rief, dem fahrenden Zug nach, ein wenig ungewiss, was der Auftrag bedeuten solle, er werde es genau so ausrichten. Und er wünsche dem Herrn fröhliche Weihnachten.

Der Zug war überfüllt, aber der Architekt fuhr erster Klasse, es kam ihm nicht drauf an, das war heute ein Abschluss von Hunderttausenden gewesen. Und er war noch vergnügter darüber, dass er eine Sache in Ordnung gebracht hatte, im Wert von fünf Mark. So billig, lachte er in sich hinein, so recht billig habe ich noch nie fünf Menschen eine Weihnachtsfreude gemacht: einem alten Mann, noch einem alten Mann, einem Mädchen, mir selber und, wenn ichs ihr erzähle, meiner Frau auch – und wenn ich ihr auch nichts mitgebracht habe als diese Geschichte …

O'Henry
Das Geschenk der Weisen

Ein Dollar und siebenundachtzig Cent. Das war alles. Und sechzig Cent davon in Pennies. Stück für Stück ersparte Pennies, wenn man hin und wieder den Kaufmann, Gemüsemann oder Fleischer beschwatzt hatte, bis einem die Wangen brannten im stillen Vorwurf der Knauserei, die solch ein Herumfeilschen mit sich brachte. Dreimal zählte Della nach. Ein Dollar und siebenundachtzig Cent. Und morgen war Weihnachten.

Da blieb einem nichts anderes, als sich auf die schäbige kleine Chaise zu werfen und zu heulen. Das tat Della. Was zu der moralischen Betrachtung reizt, das Leben bestehe aus Schluchzen, Schniefen und Lächeln, vor allem aus Schniefen.

Während die Dame des Hauses allmählich von dem ersten Zustand in den zweiten übergeht, werfen wir einmal einen Blick auf das Heim. Eine möblierte Wohnung für acht Dollar die Woche. Sie war nicht gerade bettelhaft zu nennen; höchstens für jene Polizisten, die speziell auf Bettler gehetzt wurden.

Unten im Hausflur war ein Briefkasten, in den nie ein Brief fiel, und ein Klingelknopf, dem keines Sterblichen Finger je ein Klingelzeichen entlocken konnte. Dazu gehörte auch eine Karte, die den Namen »Mr. James Dillingham jr.« trug. Das »Dillingham« war in einer früheren Zeit der Wohlhabenheit, als der Eigentümer dreißig Dollar die Woche verdiente, hingepfeffert worden. Jetzt, da das Einkommen auf zwanzig Dollar zusammengeschrumpft war, wirkten die Buchstaben des »Dillingham« verschwommen, als trügen sie sich allen Ernstes mit dem Gedanken, sich zu einem bescheidenen und anspruchslosen D zusammenzuziehen. Aber wenn Mr. James Dillingham jr. nach Hause und oben in seine Wohnung kam, wurde er »Jim« gerufen und von Mrs. James Dillingham jr., die bereits als Della vorgestellt wurde, herzlich umarmt. Was alles sehr schön ist.

Della hörte auf zu weinen und fuhr mit der Puderquaste über ihre Wangen. Sie stand am Fenster und blickte trübselig hinaus auf eine graue Katze, die auf einem grauen Zaun in einem grauen Hinterhof spazierte. Morgen war Weihnachten, und sie hatte nur einen Dollar siebenundachtzig, um für Jim ein Geschenk zu kaufen. Monatelang hatte sie jeden Penny gespart, wo sie nur konnte, und dies war das Resultat. Zwanzig Dollar die Woche reichen nicht weit. Die Ausgaben waren größer gewesen, als sie gerechnet hatte. Das ist immer so. Nur einen Dollar siebenundachtzig, um für Jim ein Geschenk zu kaufen. Für ihren Jim. So manche glückliche Stunde hatte sie damit verbracht, sich etwas Hübsches für ihn auszudenken. Etwas Schönes, Seltenes, Gediegenes – etwas, was annähernd der Ehre würdig war, Jim zu gehören. Zwischen den Fenstern stand ein Trumeau. Vielleicht haben Sie schon einmal einen Trumeau in einer möblierten Wohnung zu acht Dollar gesehen. Ein sehr dünner und beweglicher Mensch kann, indem er sein Spiegelbild in einer raschen Folge von Längsstreifen betrachtet, eine ziemlich genaue Vorstellung von seinem Aussehen erhalten. Della war eine schlanke Person und beherrschte diese Kunst.

Plötzlich wirbelte sie von dem Fenster fort und stand vor dem Spiegel. Ihre Augen glänzten und funkelten, aber ihr Gesicht hatte in zwanzig Sekunden die Farbe verloren. Flink löste sie ihr Haar und ließ es in voller Länge herabfallen.

Zwei Dinge besaßen die James Dillinghams jr., auf die sie beide unheimlich stolz waren. Das eine war Jims goldene Uhr, die seinem Vater und davor seinem Großvater gehört hatte. Das andere war Dellas Haar. Hätte die Königin von Saba in der Wohnung jenseits des Luftschachts gelebt, dann hätte Della eines Tages ihr Haar zum Trocknen aus dem Fenster gehängt, um Ihrer Majestät Juwelen und Vorzüge im Wert herabzusetzen. Wäre König Salomo der Portier gewesen und hätte all seine Schätze im Erdgeschoss aufgehäuft, Jim hätte jedes Mal seine Uhr gezückt, wenn er vorbeigegangen wäre, bloß um zu sehen, wie sich der andere vor Neid den Bart raufte.

Jetzt floss also Dellas Haar wellig und glänzend an ihr herab wie ein brauner Wasserfall. Es reichte bis unter die Kniekehlen und umhüllte sie wie ein Gewand. Nervös und hastig steckte sie es wieder auf. Einen Augenblick taumelte sie und stand ganz still, während ein paar Tränen auf den abgetretenen Teppich fielen.

Die alte braune Jacke angezogen, den alten braunen Hut aufgesetzt, und mit wehenden Röcken und immer noch das helle Funkeln in den Augen, schoss sie zur Tür hinaus und lief die Treppe hinab auf die Straße.

Wo sie stehen blieb, lautete das Firmenschild *Mme. Sofronie. Alle Sorten Haarersatz.* Della rannte die Treppe hinauf und versuchte atemschöpfend, sich zu sammeln. Madame, groß, zu weiß und frostig, sah kaum nach »Sofronie« aus.

»Wollen Sie mein Haar kaufen?«, fragte Della.

»Ich kaufe Haare«, sagte Madame. »Nehmen Sie den Hut ab, damit wir es einmal ansehen können.«

Der braune Wasserfall stürzte in Wellen herab.

»Zwanzig Dollar«, sagte Madame, mit kundiger Hand die Masse anhebend.

»Geben Sie nur schnell her«, sagte Della.

Oh, und die nächsten beiden Stunden trippelten auf rosigen Schwingen. Sie durchwühlte die Läden nach dem Geschenk für Jim.

Schließlich fand sie es. Bestimmt war es für Jim und für niemand sonst gemacht. Keins gab es in den Läden, das diesem glich, und sie hatte in allen das Oberste zuunterst gekehrt. Es war eine Uhrkette aus Platin, einfach und edel im Dessin, die ihren Wert auf angemessene Weise durch das Material und nicht durch eine auf den Schein berechnete Verzierung offenbarte – wie es bei allen guten Dingen sein sollte. Sie war sogar *der Uhr* würdig. Kaum hatte sie die Kette erblickt, als sie auch schon wusste, dass sie Jim gehören müsse. Sie war wie er. Überlegene Ruhe und Wert – das passte auf beide. Einundzwanzig Dollar nahm man ihr dafür ab, und mit den siebenundachtzig Cent eilte sie nach Hause. Mit dieser Kette an der Uhr konnte Jim wirklich in jeder Gesellschaft um die Zeit besorgt sein. So großartig die Uhr war, manchmal blickte er wegen des alten Lederriemchens, das er an Stelle einer Kette benutzte, nur verstohlen nach ihr.

Als Della zu Hause angelangt war, wich ihr Rausch ein wenig der Vorsicht und der Vernunft. Sie holte ihre Brennschere heraus, zündete das Gas an und machte sich ans Werk, die Verheerungen auszubessern, die von Freigebigkeit in Verein mit Liebe angerichtet worden waren. Was stets eine gewaltige Aufgabe ist, liebe Freunde – eine Mammutaufgabe.

Nach vierzig Minuten war ihr Kopf dicht mit kleinen Löckchen bedeckt, mit denen sie wundervoll aussah, wie ein schwänzender Schuljunge. Lange, sorgfältig und kritisch betrachtete sie ihr Spiegelbild.

»Wenn mich Jim nicht umbringt, bevor er mich ein zweites Mal ansieht, wird er sagen, ich sehe aus wie ein Chormädel von Coney Island«, meinte sie bei sich. »Aber was – oh, was hätte ich denn mit einem Dollar siebenundachtzig anfangen sollen?«

Um sieben war der Kaffee gekocht, und die Bratpfanne stand hinten auf der Kochmaschine, heiß und bereit, die Kotelette zu braten. Jim verspätete sich nie. Della ließ die Uhrkette in ihrer Hand verschwinden und setzte sich auf die Tischkante nahe der Tür, durch die er immer eintrat.

Dann hörte sie einen Schritt auf der Treppe, unten, auf den ersten Stufen, und wurde einen Augenblick blass. Sie hatte sich angewöhnt, wegen der einfachsten Alltäglichkeiten stille kleine Gebete zu murmeln, und jetzt flüsterte sie: »Bitte, lieber Gott, mach, dass er mich noch hübsch findet.«

Die Tür öffnete sich, Jim trat ein. Er sah mager und sehr feierlich aus. Armer Junge, er war erst zweiundzwanzig – und schon mit Familie belastet! Er brauchte einen neuen Mantel und hatte auch keine Handschuhe.

Jim blieb an der Tür stehen, reglos wie ein Vorstehhund, der eine Wachtel ausgemacht hat. Seine Augen waren auf Della geheftet, und ein Ausdruck lag in ihnen, den sie nicht zu deuten vermochte und der sie erschreckte. Es war weder Ärger noch Verwunderung, weder Missbilligung noch Abneigung noch überhaupt eines der Gefühle, auf die sie sich gefasst gemacht hatte. Er starrte sie nur unverwandt an mit diesem eigentümlichen Gesichtsausdruck.

Della rutschte langsam vom Tisch und ging zu ihm.

»Jim, Liebster«, rief sie, »sieh mich nicht so an. Ich hab mein Haar abschneiden lassen und verkauft, weil ich Weihnachten ohne ein Geschenk für dich nicht überlebt hätte. Es wird wieder wachsen – du nimmst es nicht tragisch, nicht wahr? Ich musste es einfach tun. Mein Haar wächst unheimlich schnell. Sag mir fröhliche Weihnachten, Jim, und lass uns glücklich sein. Du ahnst nicht, was für ein hübsches, wunderschönes Geschenk ich für dich bekommen habe.«

»Du hast dein Haar abgeschnitten?«, fragte Jim mühsam, als könne er selbst nach schwerster geistiger Arbeit nicht an den Punkt gelangen, diese offenkundige Tatsache zu begreifen.

»Abgeschnitten und verkauft«, sagte Della. »Hast du mich jetzt nicht noch ebenso lieb? Ich bin auch ohne mein Haar noch dieselbe, nicht wahr?«

Jim blickte neugierig im Zimmer umher.

»Du sagst, dein Haar ist weg?«, bemerkte er mit nahezu idiotischem Gesichtsausdruck. »Du brauchst nicht danach zu suchen«, sagte Della. »Ich sag' dir doch, es ist verkauft – verkauft und weg. Heute ist Heiligabend. Sei nett zu mir. Ich hab's ja für dich getan. Vielleicht waren die Haare auf meinem Kopf gezählt«, fuhr sie mit einer jähen, feierlichen Zärtlichkeit fort, »aber nie könnte jemand meine Liebe zu dir zählen. Soll ich die Kotelette aufsetzen, Jim?«

Jim schien im Nu aus seiner Starrheit zu erwachen. Er umarmte seine Della. Wir wollen inzwischen mit diskreten Forscherblicken zehn Sekunden lang eine an sich unwichtige Sache in anderer Richtung betrachten. Acht Dollar die Woche oder eine Million im Jahr – was ist der Unterschied? Ein Mathematiker oder ein Witzbold würden uns eine falsche Antwort geben. Die Weisen brachten wertvolle Geschenke, aber dies war nicht darunter. Diese dunkle Behauptung soll später erläutert werden.

Jim zog ein Päckchen aus der Manteltasche und warf es auf den Tisch.

»Täusch dich nicht über mich, Dell«, sagte er. »Du darfst nicht glauben, dass so etwas wie Haar schneiden oder stutzen oder waschen mich dahin bringen könnte, mein Mädchen weniger liebzuhaben. Aber wenn du das Päckchen auspackst, wirst du sehen, warum du mich zuerst eine Weile aus der Fassung gebracht hast.«

Weiße Finger rissen hurtig an der Strippe und am Papier. Ein verzückter Freudenschrei, und dann – ach! Tränen und Klagen, die dem Herrn des Hauses den umgehenden Einsatz aller Trostmöglichkeiten abforderten. Denn da lagen *die Kämme* – die Garnitur Kämme, die Della seit langem in einem Broadway-Schaufenster angeschmachtet hatte. Wunderschöne Kämme, echt Schildpatt mit juwelenverzierten Rändern – gerade in der Schattierung, die zu dem schönen, verschwundenen Haar gepasst hätte. Es waren teure Kämme, das wusste sie, und ihr Herz hatte nach ihnen gebettelt und gebarmt, ohne die leiseste Hoffnung, sie je zu besitzen. Und nun waren sie ihr eigen; aber die Flechten, die der ersehnte Schmuck hätte zieren sollen, waren fort. Doch sie presste sie zärtlich an die Brust und war schließlich so weit, dass sie mit schwimmenden Augen und einem Lächeln aufblicken und sagen konnte: »Mein Haar wächst so schnell, Jim!«

Und dann sprang Della auf wie ein gebranntes Kätzchen und rief: »Oh, oh!«

Jim hatte ja noch nicht sein schönes Geschenk gesehen. Ungestüm hielt sie es ihm auf der geöffneten Hand entgegen. Das leblose, kostbare Metall schien im Abglanz ihres strahlenden, brennenden Eifers zu blitzen.

»Ist die nicht toll, Jim? Die ganze Stadt hab' ich danach abgejagt. Jetzt musst du hundertmal am Tag nachsehen, wie spät es ist. Gib mir die Uhr. Ich möchte sehen, wie sich die Kette dazu macht.«

Statt zu gehorchen, ließ er sich auf die Chaiselongue fallen, legte die Hände im Nacken zusammen und lächelte.

»Dell«, sagte er, »wir wollen unsere Weihnachtsgeschenke beiseitelegen und eine Weile aufheben. Sie sind zu hübsch, um sie jetzt schon in Gebrauch zu nehmen. Ich habe die Uhr verkauft, um das Geld für die Kämme zu haben. Wie wäre es, wenn du die Kotelette braten würdest?«

Die Weisen waren, wie ihr wisst, weise Männer – wunderbar weise Männer –, die dem Kind in der Krippe Geschenke brachten. Sie haben die Kunst erfunden, Weihnachtsgeschenke zu machen. Da sie weise waren, waren natürlich auch ihre Geschenke weise und hatten vielleicht den Vorzug, umgetauscht werden zu können, falls es Dubletten gab. Und hier habe ich euch nun schlecht und recht die ereignislose Geschichte von zwei törichten Kindern in einer möblierten Wohnung erzählt, die höchst unweise die größten Schätze ihres Hauses füreinander opferten. Doch mit einem letzten Wort sei den heutigen Weisen gesagt, dass diese beiden die weisesten aller Schenkenden waren. Von allen, die Geschenke geben und empfangen, sind sie die weisesten. Überall sind sie die weisesten. Sie sind die wahren Weisen.

Bertolt Brecht
Das Paket des lieben Gottes

Eine Weihnachtsgeschichte

»Nehmt eure Stühle und eure Teegläser mit hier hinter den Ofen und vergesst den Rum nicht. Es ist gut, es warm zu haben, wenn man von der Kälte erzählt.

Manche Leute, vor allem eine gewisse Sorte Männer, die etwas gegen Sentimentalität hat, haben eine starke Aversion gegen Weihnachten. Aber zumindest ein Weihnachten in meinem Leben ist bei mir wirklich in bester Erinnerung. Das war der Weihnachtsabend 1908 in Chicago.

Ich war anfangs November nach Chicago gekommen, und man sagte mir sofort, als ich mich nach der allgemeinen Lage erkundigte, es würde der härteste Winter werden, den diese ohnehin genügend unangenehme Stadt zustande bringen könnte. Als ich fragte, wie es mit den Chancen für einen Kesselschmied stünde, sagte man mir, Kesselschmiede hätten keine Chancen, und als ich eine halbwegs mögliche Schlafstelle suchte, war alles zu teuer für mich. Und das erfuhren in diesem Winter 1908 viele in Chicago, aus allen Berufen.

Und der Wind wehte scheußlich vom Michigan-See herüber durch den ganzen Dezember, und gegen Ende des Monats schlossen auch noch eine Reihe großer Fleischpackereien ihren Betrieb und warfen eine ganze Flut von Arbeitslosen auf die kalten Straßen.

Wir trabten die ganzen Tage durch sämtliche Stadtviertel und suchten verzweifelt nach etwas Arbeit und waren froh, wenn wir am Abend in einem winzigen, mit erschöpften Leuten angefüllten Lokale im Schlachthofviertel unterkommen konnten. Dort hatten wir es wenigstens warm und konnten ruhig sitzen. Und wir saßen, solange es irgend ging, mit einem Glas Whisky, und wir sparten alles den Tag über auf für dieses eine Glas Whisky, in das noch Wärme, Lärm und Kameraden mit einbegriffen waren, all das, was es an Hoffnung für uns noch gab.

Dort saßen wir auch am Weihnachtsabend dieses Jahres und das Lokal war noch überfüllter als gewöhnlich und der Whisky noch wässeriger und das Publikum noch verzweifelter. Es ist einleuchtend, dass weder das Publikum noch der Wirt in Feststimmung geraten, wenn das ganze Problem der Gäste darin besteht, mit einem Glas eine ganze Nacht auszureichen, und das ganze Problem des Wirtes, diejenigen hinauszubringen, die leere Gläser vor sich stehen hatten.

Aber gegen zehn Uhr kamen zwei, drei Burschen herein, die, der Teufel mochte wissen woher, ein paar Dollar in der Tasche hatten, und die luden, weil es doch eben Weihnachten war und Sentimentalität in der Luft lag, das ganze Publikum ein, ein paar Extragläser zu leeren. Fünf Minuten darauf war das ganze Lokal nicht wiederzuerkennen.

Alle holten sich frischen Whisky (und passten nun ungeheuer genau darauf auf, dass ganz korrekt eingeschenkt wurde), die Tische wurden zusammengerückt, und ein verfroren aussehendes Mädchen wurde gebeten, einen Cakewalk zu tanzen, wobei sämtliche Festteilnehmer mit den Händen den Takt klatschten. Aber, was soll ich sagen, der Teufel mochte seine schwarze Hand im Spiele haben, es kam keine rechte Stimmung auf.

Ja, geradezu von Anfang an nahm die Veranstaltung einen direkt bösartigen Charakter an. Ich denke, es war der Zwang, sich beschenken lassen zu müssen, der alle so aufreizte. Die Spender dieser Weihnachtsstimmung wurden nicht mit freundlichen Augen betrachtet. Schon nach den ersten Gläsern des gestifteten Whiskys wurde der Plan gefasst, eine regelrechte Weihnachtsbescherung, sozusagen ein Unternehmen größeren Stiles, vorzunehmen.

Da ein Überfluss an Geschenkartikeln nicht vorhanden war, wollte man sich weniger an direkt wertvolle und mehr an solche Geschenke halten, die für die zu Beschenkenden passend waren und vielleicht sogar einen tieferen Sinn hatten.

So schenkten wir dem Wirt einen Kübel mit schmutzigem Schneewasser von draußen, wo es davon gerade genug gab, ›damit er mit seinem alten Whisky noch ins neue Jahr hinein ausreichte‹. Dem Kellner schenkten wir eine alte erbrochene Konservenbüchse, ›damit er wenigstens ein anständiges Servicestück hätte‹, und einem zum Lokal gehörigen Mädchen ein schartiges Taschenmesser, ›damit sie wenigstens die Schicht Puder vom vergangenen Jahr abkratzen könnte‹.

Alle diese Geschenke wurden von den Anwesenden, vielleicht nur die Beschenkten ausgenommen, mit herausforderndem Beifall bedacht. Und dann kam der Hauptspaß.

Es war nämlich unter uns ein Mann, der musste einen schwachen Punkt haben. Er saß jeden Abend da, und Leute, die sich auf dergleichen verstanden, glaubten mit Sicherheit behaupten zu können, dass er, so gleichgültig er sich auch geben mochte, eine gewisse unüberwindliche Scheu vor allem, was mit der Polizei zusammenhing, haben musste. Aber jeder Mensch konnte sehen, dass er in keiner guten Haut steckte.

Für diesen Mann dachten wir uns etwas ganz Besonderes aus. Aus einem alten Adressbuch rissen wir mit Erlaubnis des Wirtes drei Seiten aus, auf denen lauter Polizeiwachen standen, schlugen sie sorgfältig in eine Zeitung und überreichten das Paket unserm Mann.

Es trat eine große Stille ein, als wir es überreichten. Der Mann nahm das Paket zögernd in die Hand und sah uns mit einem etwas kalkigen Lächeln von unten herauf an. Ich merkte, wie er mit den Fingern das Paket anfühlte, um schon vor dem Öffnen festzustellen, was darin sein könnte. Aber dann machte er es rasch auf.

Und nun geschah etwas sehr Merkwürdiges. Der Mann nestelte eben an der Schnur, mit der das ›Geschenk‹ verschnürt war, als sein Blick scheinbar abwesend auf das Zeitungsblatt fiel, in das die interessanten Adressbuchblätter geschlagen waren. Aber da war sein Blick schon nicht mehr abwesend. Sein ganzer dünner Körper (er war sehr lang) krümmte sich sozusagen um das Zeitungsblatt zusammen, er bückte sein Gesicht tief darauf herunter und las. Niemals, weder vor- noch nachher, habe ich je einen Menschen so lesen sehen. Er verschlang das, was er las, einfach. Und dann schaute er auf. Und wieder habe ich niemals, weder vor- noch nachher, einen Mann so strahlend schauen sehen wie diesen Mann.

Da lese ich eben in der Zeitung, sagte er mit einer verrosteten, mühsam ruhigen Stimme, die in lächerlichem Gegensatz zu seinem strahlenden Gesicht stand, dass die ganze Sache einfach schon lang aufgeklärt ist. Jedermann in Ohio weiß, dass ich mit der Sache nicht das Geringste zu tun hatte. Und dann lachte er.

Und wir alle, die erstaunt dabei standen und etwas ganz anderes erwartet hatten und fast nur begriffen, dass der Mann unter irgendeiner Beschuldigung gestanden und inzwischen, wie er eben aus diesem Zeitungsblatt erfahren hatte, rehabilitiert worden war, fingen plötzlich an, aus vollem Halse und fast aus dem Herzen mitzulachen, und dadurch kam ein großer Schwung in unsere Veranstaltung, die gewisse Bitterkeit war überhaupt vergessen und es wurde ein ausgezeichnetes Weihnachten, das bis zum Morgen dauerte und alle befriedigte.

Und bei dieser allgemeinen Befriedigung spielte es natürlich gar keine Rolle mehr, dass dieses Zeitungsblatt nicht wir ausgesucht hatten, sondern Gott.«

Ein Tag, der alles ändert

Barbara Wood
Das Wunder von Joshua Tree

Amanda mochte es kaum glauben – aber sie war vom Weg abgekommen.

Durch die Windschutzscheibe starrte sie auf eine alles andere
als einladende frostige Gegend. Kein anderes Auto weit und
breit, kein Haus, kein Licht außer dem der funkelnden Sterne
und des Mondes, der riesig und hell war und die Wüste ge-
spenstisch beleuchtete. Amanda haderte mit sich selbst. Wie
um alles in der Welt hatte sie es angestellt, mitten in der Mojave-Wüste vom Weg abzudriften?

Noch vor einer halben Stunde war sie über die Interstate 10
gerast, hatte versucht, schneller zu sein als die Dämonen, die
ihr auf den Fersen waren. Dann hatte sie sich gesagt, dass
sie, wenn sie noch vor Tagesanbruch in Phoenix sein wollte,
unbedingt einen Kaffee brauchte. Also hatte sie den High-
way verlassen und war verblichenen Schildern mit der Auf-
schrift »Zu Fred's Trucker-Stop« gefolgt. Irgendwie musste
sie den Trucker-Stop verpasst haben und war stattdessen auf
einer Staubstraße gelandet. Und jetzt hatte sie keine Ahnung,
wo sie sich befand oder in welche Richtung sie weiterfahren
musste.

»Mandy, bitte«, hatte David sie beschworen, als sie ihm eröffnete, sie werde weggehen.

Der gut aussehende, wunderbare David, der sie mit seiner Güte und seinem Verständnis wahnsinnig machte. »Weglaufen
nützt nichts. Du verrennst dich nur.« Wie prophetisch, dachte
sie, während sie ihr Handy aus der Tasche kramte und Davids
Nummer eintippte. Klar, Davids Warnung, sie würde sich ver-

rennen, bezog sich nicht auf ihre augenblickliche Situation. Er hatte es im übertragenen Sinne gemeint.

Sie wartete auf das Freizeichen. David kannte sich in diesem Teil der Mojave-Wüste gut aus und würde ihr Anweisungen geben können, wie sie zur Interstate zurückfand. Aber es kam kein Freizeichen. Unmöglich! Wo ihr Satelliten-Handy doch angeblich überall und jederzeit ein Signal empfangen konnte. Sie stopfte das Gerät wieder in die Tasche und beugte sich vor, schaute auf den von ihren Scheinwerfern beleuchteten holprigen Weg. Bizarre Gebilde tauchten aus der Dunkelheit auf und huschten vorbei – Kakteen, Felsbrocken und die schier furchteinflößenden Josuabäume, die wie verzweifelte menschliche Wesen ihre harten, spitz zulaufenden Blätter gen Himmel reckten. Wüste und Bäume waren mit Schnee überstäubt, erinnerten daran, dass in drei Wochen Weihnachten war.

Amanda fuhr jetzt langsamer, hielt Ausschau nach Wegweisern. Die kalte Luft schnitt ihr ins Gesicht. Sie drehte die Heizung auf. Ihre Hände umkrampften das Lenkrad, als sie gegen die Panik ankämpfte, die sich ihr auf den Magen legte. Diese Panik war nicht neu. Vor einem Jahr, am Heiligen Abend, hatte sie einen kleinen Jungen betreut – Timmy. Die Fehlentscheidung, die sie als junge Ärztin damals, am Ende ihrer Sechsunddreißig-Stunden-Schicht traf, hatte ihn das Leben gekostet.

»Nein«, flüsterte sie erschrocken, weil ihr bewusst wurde, dass die Dämonen, die sie hoffte in Malibu zurückgelassen zu haben, sich in ihrem Auto befanden, unliebsame Mitfahrer zwischen Koffern, Stereo-Anlage, Videokassetten, Kleidern, Töpfen und Pfannen, Weihnachtsgebäck, das ihr die Krankenhausbelegschaft geschenkt hatte, sowie einem winterlichen Obstkorb von David (mit einem Kärtchen, auf dem stand: »Wo Du auch bist, Mandy, ich werde Dich immer lieben«).

Heiliger Abend, und die Notaufnahme war überfüllt mit Unfallopfern. »Er heißt Timmy«, hatte die Schwester von der Aufnahme gesagt, als Amanda den bewusstlosen Jungen untersuchte. »Er hat den gesamten Inhalt einer Flasche Schlaftabletten geschluckt. Benzos. Hat gedacht, es wären Bonbons. Die Sanitäter haben getan, was sie konnten, damit er das Zeug erbricht, hat aber nichts gebracht.«

»Magenspülung vorbereiten«, hatte Amanda angeordnet, als sie feststellte, dass der Blutdruck des Jungen stetig fiel. »Und ziehen Sie null Komma ein Milligramm Flumazenil auf.« Bis zuletzt hatte sie um das Leben des Achtjährigen gerungen.

»Ich hätte um Unterstützung bitten sollen, David«, meinte sie Tage später zu ihrem Verlobten. »Ich wünschte, ich könnte die Uhr zurückdrehen und es anders machen.«

»Das Ergebnis wäre das gleiche. Es hieß doch, dass Timmy nicht mehr zu retten war, weil er zu spät eingeliefert wurde.«

»Darum geht's doch gar nicht, David. Ebenso gut hätte es sich um einen Patienten handeln können, der durchaus eine Überlebenschance gehabt hätte. Ich habe in meiner Beurteilung des Falles einen Fehler gemacht. Woher weiß ich, dass sich so etwas nicht wiederholt?«

»Mandy, alle Ärzte müssen sich früher oder später mit der Tatsache abfinden, dass sie nicht unfehlbar sind. Was nicht heißt, dass du die Brocken hinschmeißen sollst.«

»Von wegen die Brocken hinschmeißen. Ich bin mir nur nicht sicher, ob mir nicht irgendwann, bei einem anderen Patienten, das Gleiche passiert. Dieses Risiko will ich nicht eingehen. Es ist besser für alle, wenn ich in die Forschung wechsle. Da bin ich nur ein kleines Rädchen in einem großen Getriebe.«

»Du bist eine gute Ärztin, Mandy. Du hast selber gesagt, dass du seit deiner frühesten Kindheit nichts anderes wolltest, als

Menschen gesund machen und Leben retten. Warum willst du den Arztberuf an den Nagel hängen?«

»Weil ich gemerkt habe, dass das nichts für mich ist. Leben retten kann ich auch, wenn ich in die Forschung gehe. Patienten zu behandeln kommt dagegen für mich nicht mehr in Frage.«

Und jetzt war sie unterwegs zu ihrem neuen Arbeitsplatz, dem Medizinischen Forschungsinstitut in Albuquerque, Neu-Mexiko, wo sie es ausschließlich mit Reagenzgläsern und Mikroskopen zu tun haben würde.

Ihr Entschluss hatte unterschiedliche Reaktionen hervorgerufen. Ihre Mutter: »Ich unterstütze dich in allem, was du zu tun gedenkst, Liebes.« Ihr Vater: »Was immer du vorhast, Pummel, du kannst auf uns zählen.« Die Großmutter: »Warum verlegst du dich nicht auf Dermatologie? An Akne ist noch niemand gestorben.« Ihre beste Freundin: »Vielleicht entdeckst du ja ein Mittel gegen Krebs.« Ihre andere beste Freundin: »Von diesen Forschern verdient sich so mancher eine goldene Nase.«

David: »Du willst mich verlassen? Warum denn?«

»Wenn ich schon allein mit mir nicht zurechtkomme, David, wie soll ich das dann auch noch mit einem anderen schaffen?« Ihm mit diesem Klischee zu kommen fand sie zwar ein wenig beschämend, aber ihm die Wahrheit zu sagen brachte sie nicht über sich: dass sie Angst davor hatte, David, ein Psychoanalytiker ersten Ranges, würde nach und nach dahinterkommen, was tatsächlich an ihr nagte.

In der Medizin geht es darum, Patienten zu heilen, nicht Ärzte krank zu machen.

Amanda sah sich suchend in der ihr so fremd erscheinenden Landschaft um – in dieser eiskalten Wüste unter frostigen Sternen. Da war nichts, was als Orientierungshilfe hätte dienen können; sie war sich nicht einmal sicher, überhaupt noch auf einer Straße zu sein. In solch einem Niemandsland hatte sich schon so mancher verirrt und war dann verdurstet oder erfroren. Sie dachte angestrengt nach. Flackerte da nicht etwas am Armaturenbrett? Gleich darauf stellte sie entsetzt fest, dass das Warnlicht ihrer Benzinuhr blinkte.

»Musst du mich ausgerechnet jetzt allein lassen?«, hatte David gefragt. »Kannst du nicht wenigstens bis nach Weihnachten warten?«
»Mein neuer Job beginnt am siebten Dezember. Heute ist der vierte. Bleiben mir also nur drei Tage, um nach Albuquerque zu kommen.«
»Nun, in Anbetracht dessen, dass Weihnachten vor der Tür steht«, hatte David der Katholik gesagt, als sie ihren Wagen anließ, »werde ich beten, dass ein Wunder geschieht.«

Zitternd vor Kälte starrte Amanda in die nächtliche Landschaft, in das blendende Weiß der verschneiten Wüste. In Malibu, wo sie zusammen mit David ein Haus bewohnt hatte, streute man künstlichen Schnee unter den Christbaum, während draußen die Palmen im warmen Wind wogten und Sonnenanbeter den Strand bevölkerten.
Noch nie hatte sich Amanda so sehr nach Malibu gesehnt wie in diesem Augenblick. »Du musst doch nicht mit dem Auto nach Albuquerque fahren, Mandy. Nimm lieber das Flugzeug. Oder ich bringe dich hin.« Aber sie hatte sich ja unbedingt allein auf den Weg machen müssen. Und jetzt hatte sie es geschafft, sich hoffnungslos zu verirren.
Sie kaute auf der Unterlippe herum und schaute wieder hinaus. Diese geradezu unheimliche Stille und diese fremdartige Welt

da draußen verunsicherten sie. Josuabäume – so hatten Mormonen, die vor mehr als hundert Jahren hier durchgezogen waren, sie wegen ihrer wie flehentlich zum Himmel erhobenen Äste genannt. Amanda spürte ein Prickeln im Nacken, als sie jetzt zwischen Hunderten betender Josuas der vereisten Piste folgte. Einige wenige Bäume ließen die Zweige schlaff nach unten hängen. Waren das etwa Atheisten?, schoss es ihr verworren durch den Kopf.

So als würden dadurch auf wundersame Weise Wegweiser auftauchen, kurbelte sie das Seitenfenster hinunter und steckte das Gesicht ins Freie. Ohne gläsernen Schutz kam ihr die Wüste noch beängstigender vor, schienen die Josuabäume lebendig zu werden und nach ihr zu greifen. Sie riss die Augen auf. Wie war es möglich, dass eine derartige Mondlandschaft voller Bäume, die wie im Gebet erstarrt schienen, nicht weiter als eine Schnellstraße von Swimmingpools mit warmem Wasser und Bikinischönheiten entfernt war? Und wo waren die gewohnten Geräusche? Wenn Stille zu hören war, hatte Amanda eine derartige Stille noch nie wahrgenommen. Und plötzlich, wie als Antwort auf ihren Wunsch, klangen unweit von ihr Laute auf. Der Heulton ließ ihr das Blut in den Adern gerinnen – ein einsames schrilles Klagen, das wirkte, als würde jemand langsam erfrieren. Amanda wusste Bescheid. Ein Kojote. Ein hungriger Kojote.

Die Luft war messerscharf vor Kälte. Und so unbewegt, dass Amanda dachte, die Erde hätte aufgehört, sich zu drehen. Sie hielt den Atem an und wartete darauf, von der Wüste verschlungen zu werden. Timmy war trotz seiner acht Jahre so verdammt klein gewesen. Seine Eltern hatten weinend im Wartezimmer ausgeharrt, während er bewusstlos auf der Trage gelegen und sein winziges Leben einer von Panik ergriffenen Amanda überantwortet hatte.

Vor allem kein Leid zufügen. Hippokrates oder ein anderer Großer der Antike hatte das gesagt. Amanda hatte mehr als Leid zugefügt. Sie hatte Timmy nicht dem Abgrund entrissen. Sein zarter Puls war allmählich versickert; Amanda hatte es nicht vermocht, ihn zu stabilisieren.

Wie das ihrem Selbstbewusstsein zugesetzt hatte! Wie eine spanische Galeone war sie durch das Medizinstudium gesegelt – majestätisch, stolz, unaufhaltsam. Bereits die ersten Praktika hatte sie mit Glanz und Gloria bewältigt. Nicht im Entferntesten war sie auf die erschütternde Niederlage vorbereitet gewesen, als sie in einer mit Vorhängen abgeschirmten Kabine begreifen musste, dass der kleine Junge, der da lag, für immer die Augen geschlossen hatte.

Sie runzelte die Stirn. Da vorne, waren das Scheinwerfer?

»Gott sei Dank«, murmelte sie und hielt hinter einem alten Pickup an, der offenbar Möbel geladen hatte. Hoffentlich kannte sich der Fahrer in der Gegend aus und konnte sie zur nächsten Tankstelle lotsen. Oder ihr vielleicht mit einem Kanister Benzin aushelfen.

Sie raffte ihren Mantel zusammen und stieg aus. Noch nie hatte sie, die im sonnigen Süden Kaliforniens geboren und aufgewachsen war, eine derart kalte Nacht erlebt. Dass man in dieser eisigen Luft noch atmen konnte, war schier unglaublich.

»Hallo!«, rief sie. »Alles in Ordnung bei Ihnen? Kann ich Ihnen irgendwie helfen? Ich für meinen Teil könnte auch ein bisschen Hilfe brauchen …«

Sie brach ab, als sie im Mondlicht einen Mann neben der offenen Fahrertür stehen sah sowie zwei Kinder, die sich an seine Beine klammerten. Aus der Fahrerkabine gellten Schreie.

»Wenn Sie was für uns tun könnten … Meine Frau liegt in den Wehen, und ich weiß nicht, wie ich ihr helfen kann.«

Amanda warf einen Blick ins Wageninnere. Die Frau lag auf der Sitzfläche, den Rücken an die Beifahrertür gelehnt. Auf dem unter ihr ausgebreiteten Handtuch war Blut. Selbst ein nicht medizinisch geschultes Auge konnte ihre Notlage erkennen.

»Als die Wehen einsetzten«, sagte der käseweiße Mann mit einem Akzent, der für Amanda in Texas oder Oklahoma gesprochen wurde, »dachten wir, wir würden es noch bis Twentynine Palms schaffen. Aber dann sagte Mrs. Ross, irgendwas sei nicht in Ordnung. Also hab ich erst mal angehalten. Wissen Sie, wie man ihr helfen könnte?«

Amanda starrte ihn an. Sollte das ein Witz sein? Sie wandte sich wieder der Frau zu, die sich vor Schmerzen krümmte und heftig keuchte. »Ich versuch mal, ob ich mit meinem Handy eine Verbindung bekomme. Vorhin ging's nicht, aber vielleicht klappt es jetzt …« Kein Freizeichen.

»Hören Sie.« Sie zwang sich, ihre aufkommende Panik zu unterdrücken. »Das Beste wird sein, wenn ich Ihre Frau in die Stadt bringe. In ein Krankenhaus oder zu einem Arzt …« Ein Schrei unterbrach sie.

»Bitte, Miss«, sagte der Mann. »Es ist ihr Drittes. Da dürfte sie schon wissen, wenn was nicht stimmt.«

Amanda musterte das frierende Trio: den Vater, der mit seinen schlaff herunterhängenden Armen einem Josuabaum glich, der das Beten aufgegeben hatte, die beiden Schösslinge, die seinem Stamm entsprossen. Am liebsten hätte sie gesagt: Ich will nicht. Ich sollte gar nicht hier sein. Ich habe mich nur verirrt. Ich treffe bei Kindern, die in Lebensgefahr schweben, falsche Entscheidungen. Wenn Sie mich zwingen, hier einzugreifen, und es dann schiefgeht, werden Sie mich hassen und ich Sie.

»Ich hole meine Tasche«, sagte sie stattdessen und dachte daran, wie sich David über eine Ärztin auslassen würde, die sich auf die Forschung verlegt hatte, aber weiterhin ihren Arztkoffer mit sich herumschleppte.

Als sie zurückkam, meinte sie zu den Kindern: »Setzt euch in meinen Wagen. Dort habt ihr es schön warm. Und was zu essen ist auch für euch da. Obst und eine Dose mit Weihnachtsplätzchen.«

Dann nahm sie auf der Kante des Fahrersitzes Platz und klappte ihre Tasche auf. »Mrs. Ross«, sagte sie in einem Ton, der Vertrauen einflößen sollte, ein Vertrauen, das sie selbst nicht empfand, »ich bin Ärztin. Ich möchte Sie mir nur mal ansehen.« Sie streifte sich sterile Handschuhe über, untersuchte die Hochschwangere und erschrak, als sie feststellte, dass die Nabelschnur sich um den Kopf des Babys geschlungen hatte.

Obwohl ihr Mund plötzlich wie ausgetrocknet war, sprach sie beruhigend auf Mrs. Ross ein. »Halten Sie durch, Mrs. Ross, das haben wir gleich.« Ohne zu wissen, wie sie das Problem beheben sollte. Während der eineinhalb Monate auf der Wöchnerinnenstation hatte sie drei Babys auf die Welt geholfen, alles normale Entbindungen. »Aber Sie dürfen nicht mehr pressen.«

»Ich muss aber pressen ...«

»Nein. Noch nicht.« Amanda schloss die Augen und ging im Geiste die Anatomie durch, rief sich Vorlesungen ins Gedächtnis, Seminare, Visiten. Sie zitterte. Eiskalter Schweiß sickerte ihr zwischen die Schulterblätter. Blindlings, wiewohl unendlich behutsam tastete sie sich vor. Es stand für sie fest, dass das Baby herauskommen wollte. Seine Lungen bereiteten sich schon darauf vor, Luft zu atmen. Aber es war gefangen und würde ersticken, wenn sie es nicht befreite.

Am liebsten wäre sie weggelaufen. Stattdessen blickte sie zum unendlichen Sternenhimmel empor und spürte, wie die eisige Nacht ihr in die Knochen fuhr, wie die Schneeluft der Wüste mit den geheimnisvollen Josuabäumen über sie hinwegfegte. Weglaufen war keine Option. Sie wandte sich wieder Mrs. Ross zu, deren Gesicht sich wegen des neuen Lebens, das da in ihrem Leib gefangen war, vor Schmerz verzerrte. David, schoss es Amanda durch den Kopf, solltest du noch immer um ein Wunder beten, dann lass es dieses hier sein, jetzt. Bitte den Himmel, dass ich ausnahmsweise mal das Richtige tue.

Mit geschlossenen Augen tastete sie sich durch die innere Anatomie, hoffte inständig, sich einmal nicht auf eine Staubstraße zu verirren. Befand sie sich noch immer auf der Interstate?, überlegte sie, als sie mit ihren Fingern das zarte Gewebe, die seidigen Gespinste und empfindlichen Sehnen von Mrs. Ross' Innenleben befühlte.

Da war er! Der weiche Schädel, eingezwängt von der vertrackten Nabelschnur. Amanda keuchte. Sie hatte gefunden, was sie suchte! Vorsichtig fuhr sie mit dem Daumen darunter, schob nach und nach die Nabelschnur über die Krone, bis das weiche Köpfchen befreit war. »In Ordnung, Mrs. Ross, jetzt dürfen Sie pressen!«

Mrs. Ross stieß einen Schrei aus, der zu den eisigen Sternen emporstieg, und der Säugling glitt auf das Handtuch, quiekte gleich darauf herzhaft. »Es ist ein Mädchen«, verkündete Amanda und seufzte erleichtert auf, als sie das Neugeborene in ein Tuch wickelte, um dann mit einem kleinen Absaugballon seine Nase und Mund von überflüssigem Schleim zu befreien, seine Gliedmaßen zu begutachten, den Herzschlag abzuhorchen. »Es ist gesund.«

»Gott segne Sie, Frau Doktor«, stammelte Mr. Ross und eilte zur Beifahrerseite, um seine Frau zu umarmen.

Während Mrs. Ross erschöpft zurücksank, drückte Amanda das Baby zum Schutz vor der tödlichen Kälte und etwaigen hungrigen Kojoten an ihre Brust, spürte, wie es sich bewegte, beobachtete das lebhafte Mienenspiel in dem roten Gesichtchen. Sie beugte sich hinunter und drückte einen Kuss auf sein verschmiertes Köpfchen. »Willkommen in unserer Welt, Kleines.« Zu dem Kind, mit dem sie zuletzt gesprochen hatte, hatte sie sagen müssen: »Geh mit den Engeln.«

Unvermittelt sah sie sich zurückversetzt an den Heiligen Abend vor einem Jahr, als sie auf ein vom Tode gezeichnetes bleiches Gesicht geblickt hatte. Wie ein heftiges Gewitter hatten sie Entsetzen, Fassungslosigkeit und Wut überrollt.

Es tut mir so leid, Timmy! Dich trifft doch keine Schuld. Du hast die Pillen für Bonbons gehalten. Nein, ich wollte dir keineswegs einen Vorwurf machen.

Da. Jetzt war es raus. Das abscheuliche Geheimnis, hinter das, wie sie befürchtet hatte, David über kurz oder lang kommen würde. Im Gegensatz zu dem, was andere meinten und was sie selbst behauptet hatte, war Amanda nicht zornig auf sich selbst gewesen. Sondern auf Timmy. Grenzenlos wütend war sie auf einen kleinen Jungen gewesen, weil er Benzodiazepine für Bonbons gehalten hatte. Ein Kind von zweiundsechzig Pfund hatte ihrer Galeone den Wind aus den Segeln genommen und die Göttin im weißen Kittel zu einem gewöhnlichen menschlichen Wesen degradiert. Amanda hatte es nicht fertiggebracht, ihm dies zu verzeihen. Selbst jetzt, da sie sich zum ersten Mal seit einem Jahr wieder damit konfrontiert sah, fiel es ihr noch nicht leicht, Timmy zu verzeihen, ihr tönerne Füße verpasst zu haben. Daran musste sie arbeiten, unbedingt.

»Frau Doktor?«, hörte sie Mr. Ross besorgt fragen.

Um die Tränen zurückzudrängen, schniefte Amanda und hob dann den Kopf. »Ihrem Baby geht es gut, Mr. Ross. Es ist ein entzückendes kleines Mädchen«, sagte sie und half Mrs. Ross, sich aufzusetzen, ehe sie ihr den quäkenden Säugling in die Arme legte. »Allerdings braucht Ihre Frau umgehend eine sachgemäße medizinische Betreuung. Mit der Nachgeburt ist bald zu rechnen, und so lange können wir nicht hier warten. Mr. Ross, machen Sie es Ihrer Frau bequem, ich hole inzwischen die Kinder aus meinem Wagen. Sie fahren voraus, und ich bleibe dicht hinter Ihnen, für den Fall, dass Sie noch einmal anhalten müssen. Ich habe allerdings kaum noch Benzin im Tank.«

»Es ist nicht weit. Sie schaffen das schon«, lächelte er.

Amanda setzte sich hinter ihr Lenkrad und wartete, bis Mr. Ross seine Familie versorgt und auf dem Fahrersitz Platz genommen hatte. Eine Äußerung von David fiel ihr ein, auf die sie seinerzeit nicht eingegangen war, weil sie sich wie ein Spruch aus einem Glückskeks anhörte: »Für einen Mediziner geht es darum, sein Möglichstes zu tun. Eine Garantie auf Erfolg gibt es nicht. Man kann nicht immer gewinnen; Ärzte sind auch nur Menschen.«

Das war es, wovor sie weggelaufen war. Dessen wurde Amanda sich jetzt bewusst. In einer Welt voller Missstände hatte sie sich für unfehlbar gehalten, für eine Frau, die es nicht nötig hatte, um Hilfe zu bitten. Sie konnte sich ihre Schwäche nicht eingestehen, die Timmy mit seinen Unmengen von Benzos bloßgelegt hatte. Die Familie Ross hingegen hatte ihr eine Chance geboten, ihre wahren Talente unter Beweis zu stellen. War sie nicht in erster Linie deswegen Ärztin geworden? Urplötzlich wusste sie, dass sie nicht nach Albuquerque ziehen und sich auf die Forschung beschränken wollte. Aber wohin dann?, überlegte sie, die Hand bereits am Zündschlüssel. Irgendwie musste sie einen Weg finden, um ihrem eigenen Urteil wieder vertrauen zu können. Aber wie? Wo anfangen?

Ihre Stirn kräuselte sich, als sie mit Blick auf das Armaturenbrett den Zündschlüssel betätigte. Nichts leuchtete auf, und auch der Motor sprang nicht an. Entsetzt sah sie, wie die Rücklichter des Pick-ups in der Nacht verschwanden und sie mutterseelenallein zurückblieb, ohne funktionierendes Handy, ohne Heizung.

Die eisige Kälte kroch ihr in die Knochen, sie fing an zu zittern. David, verzeih mir. Wie ein verstocktes kleines Mädchen habe ich mich verhalten. Ich hätte bei dir bleiben, mir von dir helfen lassen sollen, meinen Ängsten ins Gesicht zu sehen. Ich möchte mein Leben nicht zwischen Reagenzgläsern und Mikroskopen verbringen. Sondern Menschen gesund machen. Ich möchte dich heiraten und mit dir ein glückliches Leben führen.

Ein Schluchzen stieg ihr in die Kehle – nicht aus Selbstmitleid, sondern weil sie von Gefühlen überwältigt wurde. Ist eigentlich jeder Arzt schlecht auf den Patienten zu sprechen, der ihm den Beweis liefert, dass er nicht unfehlbar ist, oder war ich die Einzige? Sie hatte geglaubt, dass man die Welt retten könnte, wenn man über ausreichende Kenntnisse in Anatomie verfügte, genug über Chemie wüsste, alle Krankheiten auswendig gelernt hätte, ein Stethoskop und Nadeln zu handhaben verstünde, über Magnetresonanztomographien Bescheid wüsste und jede Menge Pillen, Rezeptblöcke und weiße Kittel auf Lager hätte. Timmy, der verstummte Lehrmeister, hatte den Schwachpunkt ihres Weltbildes bloßgelegt.

Amanda versuchte nochmals, den Motor anzulassen. Vergeblich. Als sie überlegte, ob sie aussteigen und zu Fuß weitergehen sollte – was sie beim Gedanken an die Kojoten auf der Jagd nach einem Abendessen gleich wieder verwarf –, sah sie vor sich einen Lichtschein. Scheinwerfer! Die Familie Ross kam zurück. Nein, unmöglich. Wo es für sie doch darum ging, Mutter und Kind ärztlich versorgen zu lassen. Außerdem könnten sie ihr doch nicht helfen; bei ihnen im Auto war kein Platz mehr für sie.

Das entgegenkommende Fahrzeug drosselte jetzt das Tempo.

»Brauchen Sie Hilfe?«, hörte sie es hinter den Scheinwerfern rufen. Die Stimme eines Mannes. Nicht die von Mr. Ross.

Amanda kurbelte das Seitenfenster herunter und schirmte die Augen gegen die Helligkeit ab. »Ich bin vom Weg abgekommen und finde nicht mehr zurück«, gab sie zurück. »Außerdem springt mein Wagen nicht an.«

Die Scheinwerfer erloschen, der Motor wurde abgestellt, die Fahrertür öffnete sich. »Ich kenne mich mit Autos recht gut aus«, sagte der Unbekannte. »Vielleicht lässt sich da was machen.« Er sprach mit einem leichten Latino-Akzent.

Als er zu ihr trat, sah sie seinen schwarzen Überrock und den weißen Kragen, erschnupperte einen Hauch von herbem Eau de Cologne. Etwas Altvertrautes. Mennen oder Old Spice. Sicherlich hatte er es von einer älteren Dame aus seiner Pfarrei geschenkt bekommen und benutzte es ihr zuliebe.

»Versuchen Sie's noch mal«, sagte der Geistliche. Der Motor blieb stumm. »Ich kann ja mal einen Blick unter die Kühlerhaube werfen, vielleicht haben Sie ihn aber nur absaufen lassen. Warten wir ein Weilchen und versuchen es dann erneut.«

Amanda klinkte die Verriegelung aus, und als der Geistliche die Kühlerhaube hochhob, stieg sie aus. Trotz des Mantels fröstelte sie. Ihr rettender Engel war jung, sie schätzte ihn auf um die dreißig, nur zwei Jahre älter als sie. »Ich bin Pater Carlos«, sagte er, während er mit Hilfe einer Taschenlampe den Motor inspizierte. »Ich bin überrascht, dass jemand um diese Uhrzeit noch auf einer derart einsamen Straße unterwegs ist. Sie wollen nach Twentynine Palms?«

»Ehrlich gesagt weiß ich gar nicht, wohin ich will«, sagte Amanda. Sie dachte an das Wunder, das mit dem Ross-Baby einherging, spürte noch immer die Wärme und das Leben des kleinen Körpers in ihren Armen. Wie hatte sie auch nur einen Moment lang daran denken können, sich einer solchen Berufung zu entziehen!« »Und Sie, Pater, warum sind Sie noch so spät und auf einer derart einsamen Straße unterwegs?«

»Ich will nach Palm Springs«, erwiderte er und lächelte gewinnend. »Ich hoffe dort auf ein Weihnachtswunder.«

Dafür scheint diese Nacht genau die richtige zu sein, schoss es ihr durch den Kopf. »Auf was für ein Wunder denn, Pater?«

»Ich leite eine gemeinnützige Klinik außerhalb der Stadt. Wir kümmern uns um Arme und Hilfsbedürftige. Nichts Großartiges, aber für viele sind die Klinik, die Suppenküche und die Kindertagesstätte, die wir für berufstätige Mütter eingerichtet haben, ein wahrer Segen. Leider hat im Zuge der gegenwärtigen wirtschaftlichen Lage die Spendenbereitschaft stark nachgelassen. Deshalb will ich mich in Palm Springs mit ein paar Leuten besprechen und hoffe auf deren finanzielle Unterstützung. Wenn's nicht klappt, müssen wir am 31. Dezember schließen, was bedeutet, dass wir unsere Patienten anderweitig unterbringen müssen. Das soll dann in den Weihnachtsfeiertagen über die Bühne gehen. Notgedrungen werden einige in Kliniken verlegt werden müssen, die zu weit entfernt sind, als dass ihre Angehörigen sie besuchen könnten.«

»Großzügige Menschen gibt es doch genug. Ich bin überzeugt, dass man Ihnen unter die Arme greifen wird.«

»Es geht nicht nur darum.« Er richtete sich auf und ließ die Motorhaube wieder einrasten. »Die Leitende Ärztin an unserer Klinik hat über vierzig Jahre mit uns zusammengearbeitet. Leider ist sie vor wenigen Monaten gestorben. Einen Ersatz für sie zu finden war bisher schon deshalb nicht möglich, weil die entsprechende Bezahlung an der untersten Grenze angesiedelt ist. Ich bezweifle stark, dass es mir gelingt, genügend Geld aufzutreiben, um einem Mediziner die Stelle schmackhaft zu machen. Und dann muss die Klinik per Gesetz ganz schließen.«

Amanda starrte den gut aussehenden jungen Priester an. Sie spürte förmlich, wie die Sterne wachsam auf sie herabblickten und die Wüste den Atem anhielt, wie um sich nichts von den weiteren Ausführungen des Paters entgehen zu lassen.

»Dabei ist es eine gute Klinik. Auch wenn sie unter Geldmangel leidet. Ihre Anfänge verdankt sie übrigens einer interessanten Geschichte. Die Ärztin, die sie gründete, kam zur Welt, als ihre Familie in den Zeiten der Großen Depression Oklahoma den Rücken kehrte. Die Mutter merkte, dass die Geburt nicht planmäßig verlief, weshalb sie als fromme Katholikin zur heiligen Barbara betete. Wie durch ein Wunder tauchte tatsächlich eine gute Samariterin auf und rettete sie und das Baby.«

»Die heilige Barbara?«, fragte Amanda und spürte, wie leicht ihr mit einem Mal ums Herz wurde. Als ob sie emporgehoben würde.

»In der Nacht, als bei der Mutter dieser Ärztin die Wehen einsetzten, durchquerten sie gerade die Wüste, übrigens genau diese Wüste hier. Es war der Namenstag der heiligen Barbara. Ach du meine Güte«, unterbrach sich Pater Carlos, »da fällt mir ein, das ist ja heute! Der 4. Dezember, der Namenstag der heiligen Barbara! Was für ein Zufall.«

»Wie …«, Amanda bekam plötzlich keine Luft mehr, »wie hieß denn diese Familie?«

»Ross. Frau Dr. Ross wurde irgendwo hier draußen geboren und gründete dann später die Klinik. Als sie starb, war ich bei ihr. Wie sie mir erzählte, hatte sie alles darangesetzt, um die Ärztin ausfindig zu machen, die damals ihrer Familie Beistand leistete. Sogar Privatdetektive hatte sie mit der Suche beauftragt. Leider hatte die Samariterin ihren Namen nicht genannt und war auch nicht wie abgesprochen in die Stadt nachgekommen. Dabei hätte Dr. Ross dieser Ärztin so gern gesagt, dass sie damals den Ausschlag dafür gegeben hatte, dass sie selbst später Medizin studiert und noch später die Klinik gegründet habe. Im Laufe der Jahre musste sich Dr. Ross dann damit abfinden, dass die geheimnisvolle Ärztin vermutlich längst verstorben war. Sie bedauerte es sehr, dass es ihr nicht vergönnt war, der Ärztin zu danken und sich ihr gegenüber erkenntlich zu zeigen.«

Amanda schaute an Pater Carlos vorbei auf den Wüstenpfad, der zwischen schneebedeckten Josuabäumen verschwand, und dachte an den mit Möbeln beladenen Pick-up, dessen Rücklichter sie als Letztes gesehen hatte. »Wie lange ist das her, Pater?«

»Ich meine, Dr. Ross erwähnte das Jahr 1929, das dürfte dann also auf den Tag genau vor achtzig Jahren gewesen sein. Immer wieder sprach man davon, was sich in jener wundersamen Nacht zugetragen hatte. Und obwohl es damals für eine Frau schwierig war, als Ärztin Fuß zu fassen, wünschte sie sich brennend, ebenfalls diesen Beruf zu ergreifen und vielleicht sogar eine Klinik zu eröffnen, um Kranke zu behandeln, die ebenso mittellos waren wie ihre Eltern. Leider muss dieser Traum wohl mit ihr begraben werden.«

Noch nicht, durchzuckte es Amanda, und ein Gedanke nahm Formen an. Sie raffte ihren Mantel um sich und lächelte. »Wie Sie schon sagten, Pater, ist dies eine Nacht voller Überraschungen. Zufällig bin ich Ärztin und im Augenblick nicht fest angestellt. Eine kleine Klinik scheint genau dem zu entsprechen, was ich suche.« Für einen Neuanfang, um wieder Vertrauen zu gewinnen, um Timmy zu vergeben, dass er meinetwegen gestorben ist.

Der Geistliche schaute sie verblüfft an. Dann bekreuzigte er sich. »Gott sei gepriesen«, flüsterte er. »Und die heilige Barbara«, fügte er noch leiser hinzu.

»Pater, glauben Sie an zweite Chancen?«, fragte Amanda, als sie sich hinters Lenkrad setzte und ihre Seitentür zuzog.

»Aber natürlich. Das ist doch die Quintessenz meines Glaubens.« Seine schwarzen Augen blickten sie prüfend an. »Bei zweiten Chancen«, sagte er, »geht es um Vergebung und tatkräftige Reue. Dies sind die Eckpfeiler meines Glaubens.«

Ich verstehe ja, warum die heilige Barbara der Familie Ross beistand, überlegte Amanda, aber warum sollte sie mich retten?

»Welchen Märtyrertod ist die heilige Barbara eigentlich gestorben, Pater?«

»Sie wurde in einen steinernen Turm gesperrt.«

Amanda lächelte. In einen steinernen Turm gleich einem Betonklotz, dem Sitz eines Forschungslaboratoriums in Albuquerque.

Als Pater Carlos zu seinem Wagen zurückging, flüsterte sie ihm hinterher: »Seien Sie bloß vorsichtig mit Ihren Wünschen, Pater. Sie könnten in Erfüllung gehen.« Wie gern hätte sie ihm von dem Wunder erzählt, das eben geschehen war – wie sie unvermittelt durch eine Schicksalswende und körperlichen Einsatz und ein wenig Hilfe von Gott und der heiligen Barbara und vielleicht sogar von einem kleinen Jungen namens Timmy eine kleine Zeitreise in die Vergangenheit unternommen hatte, damit sich der Wunsch von Dr. Ross, der Samariterin ihre gute Tat zu entgelten, erfüllte. Nicht auszuschließen, dass sie Pater Carlos irgendwann diese Geschichte erzählen würde, vielleicht aber auch nicht, weil sie einfach zu unwahrscheinlich klang. Sie drehte den Zündschlüssel herum, und diesmal sprang der Motor sofort an. Sie wartete, bis Pater Carlos seinen Wagen gewendet hatte, damit sie seinen Rücklichtern, die wie Christbaumkugeln strahlten, durch den glitzernden Schnee folgen konnte, und freute sich auf das Wiedersehen mit David. Sie würde ihm erzählen, dass das Weihnachtswunder, um das er gebetet hatte, eingetreten war. Denn für sie bestand kein Zweifel daran, dass es sie auf unerklärliche Weise irgendwie heute Nacht ausgerechnet hierher, zu den Josuabäumen, verschlagen hatte, um das Leben von Dr. Ross zu retten, damit achtzig Jahre später Dr. Ross ihres, Amandas, retten konnte.

Marie Luise Kaschnitz
Alle Jahre wieder

Eine Weihnachtserzählung

Gestern hat mich der junge Munk besucht. Es war der dritte
Adventssonntag, und natürlich kamen wir bald auf Weihnachten zu sprechen und auch auf jenes besondere Weihnachten,
das letzte, das der junge Munk in unserer Stadt verlebte. Er
war damals elf Jahre alt, und seine Freunde, der kleine Sepp
und der große Anton, waren ungefähr ebenso alt, sie gingen alle
in dieselbe Klasse, und weil sie auch in demselben Mietshause
wohnten, waren sie unzertrennlich, was jedoch nur heißen soll,
dass es nach allen Krächen und Schlägereien immer wieder zu
einer Versöhnung kam. Ich wohnte in demselben großen Hause, ich kannte die drei Buben und kannte auch ihre Eltern,
denen es in den letzten Jahren immer besser gegangen war,
so dass sie schon vor jenem besonderen Weihnachten im Sinn
hatten wegzuziehen, in schöne Häuser mit Gärten weit vor der
Stadt.

Das Haus, in dem wir lebten, war in mancher Beziehung auch
unerfreulich. Es war gleich nach dem zweiten Kriege eilig und
aus schlechtem Material erbaut worden, und seine Wände und
Decken waren so dünn, dass man aus den Nachbarwohnungen,
aber auch von oben und unten alle Geräusche hörte, Stimmen
und Schritte, den Staubsauger und das Radio und natürlich
auch am Heiligen Abend die Weihnachtslieder und die kleinen
Glocken, mit denen man die Kinder zu den Bescherungen rief.
Aber diesem Umstand hatte ich es doch zu verdanken, dass ich
in jener nun schon Jahre zurückliegenden Christnacht ahnte,
warum die drei Buben sofort nach der Bescherung wegliefen
und warum sie erst wiederkamen, als die Mitternachtsglocken

ausgeläutet hatten. Was sie in der Zwischenzeit gemacht haben, habe ich freilich erst gestern von dem jungen Munk erfahren. Es erschien mir gleich wert, es aufzuschreiben, und das will ich tun, aber langsam und mit der Vorgeschichte, die aus lauter erlauschten Weihnachtsabenden besteht. Und am Ende will ich auch sagen, was ich über das alles denke, und warum mir die traurige Christnacht der drei Buben gar nicht so traurig erscheint.

Die erlauschten Weihnachtsabende, – nun, man muss sich nicht vorstellen, dass sie einander glichen, wie eine silberne Christbaumkugel der anderen gleicht. Ich erinnere mich, dass in den ersten Jahren überall im Hause noch Weihnachtslieder gesungen wurden und dass über vielen unreinen und schwankenden Stimmen immer eine schwebte, die so klang, wie man sich die Stimme eines Engels vorstellt, hell, unbeirrbar und rein. Später dann wurde nicht mehr gesungen, man holte sich die Musik aus dem Rundfunk, unterbrach sie auch und ließ Glocken läuten oder einen Redner reden und unterbrach am Ende auch diesen, um sich zu Tisch zu setzen, zu diesen Weihnachtsmählern, die in jeder Festzeit üppiger wurden.

In den folgenden Jahren aber war es auch mit der Radiomusik vorbei. Es wurden von den Kindern keine Gedichte mehr aufgesagt, die zitternden Töne der Bescherungsglöckchen waren nicht mehr zu vernehmen und auch nicht die Stimme des kleinen Sepp, der früher dazu angehalten worden war, neben dem brennenden Christbaum die Weihnachtsgeschichte aus dem Lukas-Evangelium vorzulesen. Übrigens zog um diese Zeit auch der Geruch der Christbaumkerzen schon nicht mehr durch das Haus. Die Eltern des großen Anton hatten es überflüssig gefunden, dem Gymnasiasten noch einen Baum zu putzen, und die Eltern des kleinen Sepp hatten ein künstliches Ding gekauft, das sich mit Glühbirnen besteckt im Kreise drehte und dazu »Stille Nacht« spielte, welche Töne man aber auch abstellen konnte und abstellte, schon im zweiten Jahr. Nur in der Familie Munk gab es noch einen Tannenbaum mit Lichtern. Aber diese Lichter wurden bereits nach fünf Minuten wieder ausgeblasen, weil der Vater des kleinen Munk jetzt sehr nervös war, immer einen Eimer Wasser bereithielt und schon die ganzen fünf Minuten lang mit seiner schrillen Stimme »Ausmachen, Ausmachen« rief.

Das waren die Geräusche, die ich hörte oder auch nicht mehr hörte im Laufe der acht Jahre, während deren die Buben heranwuchsen und in die Volksschule und dann in die höhere Schule kamen. Ich hatte mir nie recht klargemacht, was sich da so langsam veränderte, so dass schließlich von Weihnachten fast nichts mehr übrigblieb als ein Tisch voller Geschenke, ein zu fettes Essen und ein unruhiger Schlaf. An dem Abend, von dem ich erzählen will, aber ging ich kurz vor 9 Uhr mit meinem Hund noch einmal auf die Straße, und da sah ich das Haus von außen, sah die Eltern Munk in ihrem 220 SE schön angezogen wegfahren, sah den großen Anton in einem kahlen Zimmer allein am Tisch hocken und begegnete an der Ecke den Bekannten, die zu den Eltern des kleinen Sepp zum Kartenspielen kamen. Und ein wenig später sah ich auch die Buben, die sich aus den Fenstern beugten und einander Zeichen machten und wie sie dann plötzlich alle zusammen aus der Haustüre und die Straße hinunterliefen. Ich hatte da wohl einen Augenblick lang die Absicht, sie zurückzurufen, aber ich tat es nicht. Ich folgte ihnen nur ein paar Schritte weit, und dabei bemerkte ich, dass an der Ecke ein Mädchen sich ihnen anschloss und dass sie dieses Mädchen mit Schimpfworten und sogar mit Schlägen, aber ganz vergeblich zu vertreiben versuchten.

Wie der junge Munk mir gestern erzählte, hatte er dieses Mädchen schon vorher gekannt. Er hatte es des Öfteren an der Getränkebude getroffen, wo er für seinen Vater Bier holte. Es hatte dort auf einem niederen Mäuerchen seltsame Tanzschritte gemacht und dazu so unzusammenhängende Worte gemurmelt, dass er es für schwachsinnig hielt. An jenem Abend nun hatte es ihm dann noch gewinkt und so getan, als habe es ihm Wichtiges mitzuteilen, und darum war der junge Munk es gewesen, der das Mädchen am lautesten angeschrien und sogar geschlagen hatte. Aber dann hatte er sich schließlich nur an die Stirne getippt und hatte das Kind mitlaufen lassen, weil an diesem Weihnachtsabend ja doch schon alles verdorben und nichts mehr zu retten war.

Denn was ist noch zu retten, wenn man, wie Munk, von einer zügellosen und später nicht mehr begreiflichen Vorfreude erfüllt, den Vater im Nebenzimmer höhnisch sagen hört: Alle Jahre wieder, und: Könnte auch einmal ausfallen, dieses blödsinnige Weihnachten, alle zwei Jahre wäre genug. Und was ist noch zu retten, wenn Eltern, wie die des Anton, nicht einmal an diesem Abend Frieden halten können, sondern sich die schlimmsten Vorwürfe machen und schließlich beieinanderhocken, verbissen und stumm. Und was ist noch zu retten, wenn, wie in der Wohnung des kleinen Sepp, das Weihnachtszimmer voll fremder Leute sitzt, die Karten spielen und sich Witze erzählen, und nicht einmal die Schienen kann man zusammenstecken, und der kleine schäbige Engel, den man geliebt hat, hängt auch nicht mehr am Baum. Da muss man doch einfach weglaufen und gar nichts mitnehmen als ein paar uralte Murmeln, und das taten die drei Jungen auch und gingen mit ihren Murmeln an einen Ort, den sie kannten, auf ein großes, noch unbebautes Grundstück am Rande der Stadt. Dort versuchten sie noch einmal, das Mädchen loszuwerden, indem sie es mit feuchten Erdbrocken bewarfen. Aber das Mädchen blieb trotzdem stehen, wiegte eine aus Stroh geflochtene Puppe und murmelte etwas, das wie Wurmsturmstirnstern, also völlig unsinnig klang.

Es war da draußen ziemlich dunkel, kein Schnee, warme Luft und leise Schritte überall, auch gegen den Park und die Schrebergärten hin, so als seien viele Kinder an diesem Abend unterwegs. Die Jungen auf dem mit Gras überwachsenen und teilweise schon aufgegrabenen Grundstück fingen an zu spielen, sie spielten mit ihren ganz gewöhnlichen blaugrauen und braunen Murmeln, die sie von einem Grashügel in ein Loch laufen ließen, in dem ein wenig schwarzes Wasser stand. Munk war nicht ganz bei der Sache, er hätte gern erzählt, was er seinen Vater hatte sagen hören, und den Sepp gefragt, ob so etwas überhaupt möglich wäre; aber er genierte sich vor dem großen Anton, dessen Eltern aus der Kirche ausgetreten waren und der zweimal in der Woche ausschlafen durfte, weil er nicht in die Religionsstunde ging.

Plötzlich lief eine Murmel den Hügel herunter, die anders aussah, als die übrigen, größer, glasklar, mit etwas Weißem mitten drin. Munk stürzte hin und holte sie heraus, das Weiße in der Mitte war ein winziges Lamm mit einem Fähnchen aus gelbem Metall. Munk schrie den Weihnachtsgeschichten-Vorleser an: Woher hast du die, seit wann hast du die? Aber es stellte sich heraus, dass die Kugel dem großen Anton gehörte, der sie bereits vor Monaten von einem katholischen Jungen eingehandelt hatte. Dämlich, sagte Munk, ein Schaf mit einer Fahne, und der Sepp sagte nur: Das ist das Lamm Gottes, und gab die Riesenmurmel dem großen Anton zurück. Munk ließ auch diese Gelegenheit zu fragen vorübergehen, er behielt nur alle Fenster am Stadtrande im Auge, einige waren schon dunkel, einige hell, aber von ganz gewöhnlichem elektrischem Licht.

Der große Anton sah auf seine Uhr, legte den Kopf in den Nacken und sagte: Explorer 205, und schon sahen sie das leuchtende Pünktchen zwischen Wolkenfetzen hinziehen und fingen an, sich darüber zu streiten, zum wievielten Male der kleine Satellit die Erde umkreiste. Das Mädchen klatschte in die Hände und rief: Gehtaufgehtuntergehtabgehtschief, bis ihm die Buben mit Prügel drohten. Danach schlug eine Turmuhr zehnmal, und der kleine Munk verkroch sich hinter einem Busch, weil sein Gesicht plötzlich nass und salzig war. Ein paar Tropfen fielen auch vom Himmel, und das Mädchen winkte, es schien sich hier auszukennen, es führte die Jungen zu einer halbverfallenen Bretterhütte, die als Geräteschuppen diente.

Der große Anton lief in die Hütte, steckte den Kopf zum Fenster heraus und schrie Muh Muh, was die anderen nicht ruhen ließ, so dass sie nun alle mit Muh und Bäh und Iah einen gewaltigen Lärm vollführten.

Das Mädchen hatte sich in der Hütte auf einen Holzklotz gesetzt und wiegte da töricht lachend seine Strohpuppe, und der große Anton schlich hin, zog seine Stablaterne heraus und leuchtete ihm ins Gesicht. Munk überlegte, was sie jetzt tun könnten, nach Hause auf keinen Fall, lieber noch weiter fort, und es fielen ihm nur lauter schlimme Dinge ein, von der Autobahnbrücke Steine auf die unten hinrollenden Wagen fallen lassen, eine große Schaufensterscheibe einwerfen, den blöden Strohwisch verbrennen, den das Mädchen da schaukelte wie ein lebendiges Kind. Mit bösen Augen und verkniffenem Mund kroch er an die Tür und wollte seine Vorschläge machen, da sagte der Sepp ganz ruhig: Das waren die Tiere, jetzt kommen die Hirten, zog sich die Jacke wie eine Kapuze über den Kopf, ging zu dem Mädchen hinein und beugte vor ihm das Knie.

Du bist wohl verrückt, schrie der große Anton, und Munk dachte, verrückt, verrückt, und machte dem Sepp schon alles nach, weil er sich plötzlich an die Krippe erinnerte, die früher unter dem Weihnachtsbaum gestanden hatte, aber schon lange nicht mehr, weil den Eltern das Aufbauen zu mühsam geworden war. Der große Anton natürlich tat nichts dergleichen, er ließ noch immer seinen Lichtstrahl wandern, nur manierlicher jetzt, so dass das Mädchen nicht mehr geblendet wurde und wieder sanft und ein wenig irre lächeln konnte. Aber dann knipste Anton seine Laterne mit einem Mal aus und sagte streng: Was soll der Quatsch? Und gerade in diesem Augenblick dröhnte das Nachtflugzeug nach Irland über die Hütte hin.

Es ist die Weihnachtsgeschichte, sagte der Sepp, als sie wieder miteinander reden konnten, und fing schon an, sie zu erzählen, aber, nicht in dem alten Wortlaut, den er doch auswendig wissen musste, sondern ganz anders, grausam und hart.

Da war die Heilige Nacht sehr dunkel und sehr kalt, der Joseph war ein hilfloser Alter, und die schwangere Maria war sehr verzagt. Der Stern funkelte höchst unheimlich, und der erste Schrei, den das Jesuskind tat, war ein Schrei der Angst. Die Hirten kamen aus bloßer Neugierde, und die drei Könige aus dem Morgenland saßen vor dem Stall und überlegten sich, warum sie eigentlich diese weite Reise gemacht hatten.

Aber dann, sagte der Sepp, schlug das Kind die Augen auf.

Na und? fragte der große Anton und setzte sich auf die Schwelle der Hütte, und die beiden anderen Jungen setzten sich neben ihn, so dass sie nun da im Finsteren hockten wie die alten ratlosen Könige, nur dass kein Kind da war und kein besonderer Stern. Was war dann? fragte der große Anton noch einmal und nicht höhnisch, sondern so, als läge ihm etwas daran, eine Antwort zu bekommen.

Da war die Freude, sagte Munk, und: Da war die Liebe, sagte Sepp, und weil sie das eigentlich gar nicht hatten sagen wollen, vielmehr etwas aus ihnen heraus gesprochen hatte, eine alte

Menschenerinnerung, schämten sie sich so furchtbar, dass sie anfingen, mit kleinen Stöcken um sich zu werfen und einander mit Füßen zu treten.

Wieso, warum? fragte der große Anton, und nun sollten sie erklären, was sie gesagt hatten und konnten es nicht. Darum wurde es plötzlich ganz still vor der Hütte, nur dass drinnen das Mädchen die Worte aufgeschnappt hatte und sie vor sich hinplapperte, Freudeliebefreudeliebefreudeliebe, das war wieder zum Verrücktwerden und klang doch auch ganz schön, wie eine Glocke oder wie ein Gedicht. Halt's Maul, schrien die Jungen alle zugleich, aber sie konnten nicht helfen, dass sie plötzlich guter Dinge waren und auf dem Hügel wie die Geißen herumsprangen. Und als das Mädchen jetzt erschrocken zu weinen anfing, wühlten sie in ihren Hosentaschen und förderten etwas zutage, das sie dem Mädchen zum Geschenk hinwarfen, der Sepp eine Rolle Bindfaden, und der Munk eine Streichholzschachtel mit einem Sternbild darauf. Der große Anton zog sogar seine Riesenmurmel heraus, die mit dem Schäfchen, das seltsamerweise Lammgottes hieß. Da, sagte er unfreundlich und gab sie dem Mädchen, das gierig seine Finger um die glasklare Kugel schloss. In diesem Augenblick aber fuhren alle Kinder zusammen, weil es jetzt zu läuten anfing, und zwar sehr heftig und von allen Türmen der Stadt.

Natürlich habe ich dieses Mitternachtsläuten auch gehört. Ich bin auch zusammengefahren, und zuerst habe ich mich sogar geärgert, weil diese neuen, elektrisch betriebenen Glocken einen Lärm vollführen, der erschreckend und schon beinahe gesundheitsschädlich ist. Aber dann war ich ganz zufrieden, weil ich mir plötzlich einbildete, dass es gerade diesen lauten, heftigen Glocken gelingen würde, die weggelaufenen Kinder heimzurufen in die Stadt.

Ich hatte da nämlich schon eine ganze Weile am Fenster gestanden und nach den drei Buben Ausschau gehalten, und vor etwa einer Viertelstunde waren die Eltern, alle drei Elternpaare, aus dem Haus gekommen, um dasselbe zu tun. Sie hatten sich dabei laut und aufgeregt unterhalten, und aus ihren Stimmen hatte Angst geklungen, aber keine Einsicht, weswegen es dann auch, als die Kinder bald nach dem letzten Glockenschlag auftauchten, ein großes Gezeter gab. Die Jungen widersprachen nicht und heulten auch nicht. Freundlich lächelnd und so, als ginge sie das alles gar nichts an, standen sie unter der Laterne und gingen am Ende ganz folgsam mit ihren Eltern ins Haus. Ich sah ihnen nach, und obwohl ich doch damals noch gar nicht wissen konnte, wie sie diese Stunden verbracht hatten, taten sie mir nicht mehr leid.

Ich muss wohl damals schon geahnt haben, was ich seit gestern weiß, nämlich dass die Kinder an jenem Abend ihr Weihnachten selbst gefunden hatten, – das richtige, mit dem es nie zu Ende sein kann, weil Freude und Liebe immer neu geboren werden, solange es Menschen gibt.

Erich Kästner

Felix holt Senf

Es war am Weihnachtsabend im Jahre 1927 gegen sechs Uhr, und Preissers hatten eben beschert. Der Vater balancierte auf einem Stuhl dicht vorm Weihnachtsbaum und zerdrückte die Stearinflämmchen zwischen den angefeuchteten Fingern. Die Mutter hantierte draußen in der Küche, brachte das Essgeschirr und den Kartoffelsalat in die Stube und meinte: »Die Würstchen sind gleich heiß!« Ihr Mann kletterte vom Stuhl, klatschte fidel in die Hände und rief ihr nach: »Vergiss den Senf nicht!«

Sie kam, statt zu antworten, mit dem leeren Senfglas zurück und sagte: »Felix, hol Senf. Die Würstchen sind sofort fertig.«

Felix saß unter der Lampe und drehte an einem kleinen billigen Fotoapparat herum. Der Vater versetzte dem Fünfzehnjährigen einen Klaps und polterte: »Nachher ist auch noch Zeit. Hier hast du Geld. Los, hol Senf! Nimm den Schlüssel mit, damit du nicht zu klingeln brauchst. Soll ich dir Beine machen?«

Felix hielt das Senfglas, als wollte er damit fotografieren, nahm Geld und Schlüssel und lief auf die Straße. Hinter den Ladentüren standen die Geschäftsleute ungeduldig und fanden sich vom Schicksal ungerecht behandelt. Aus den Fenstern aller Stockwerke schimmerten die Christbäume. Felix spazierte an hundert Läden vorbei und starrte hinein, ohne etwas zu sehen. Er war in einem Schwebezustand, der mit Senf und Würstchen nichts zu tun hatte. Er war glücklich, bis ihm vor lauter Glück das Senfglas aus der Hand aufs Pflaster fiel. Die Rollläden prasselten an den Schaufenstern herunter, und Felix merkte, dass er sich seit einer Stunde in der Stadt herumtrieb. Die Würstchen waren inzwischen längst geplatzt. Er brachte es nicht über sich, nach Hause zu gehen. So ganz ohne Senf! Gerade heute hätte er Ohrfeigen nicht gut vertragen.

Herr und Frau Preisser aßen die Würstchen mit Ärger und ohne Senf. Um acht wurden sie ängstlich. Um neun liefen sie aus dem Haus und klingelten bei Felix' Freunden. Am ersten Weihnachtsfeiertag verständigten sie die Polizei. Sie warteten drei Tage vergebens. Sie warteten drei Jahre vergebens. Langsam ging ihre Hoffnung zugrunde, schließlich warteten sie nicht mehr und versanken in hoffnungslose Traurigkeit.

Die Weihnachtsabende wurden von nun an das Schlimmste im Leben der Eltern. Da saßen sie schweigend vorm Christbaum, betrachteten den kleinen billigen Fotoapparat und ein Bild ihres Sohnes, das ihn als Konfirmanden zeigte, im blauen Anzug, den schwarzen Filzhut keck auf dem Ohr. Sie hatten den Jungen so liebgehabt, und dass der Vater manchmal eine lockere Hand bewiesen hatte, war doch nicht böse gemeint gewesen, nicht wahr? Jedes Jahr lagen die zehn alten Zigarren unterm Baum, die Felix dem Vater damals geschenkt hatte, und die warmen Handschuhe für die Mutter. Jedes Jahr aßen sie Kartoffelsalat mit Würstchen, aber aus Pietät ohne Senf. Das war ja auch gleichgültig, es konnte ihnen doch niemals wieder schmecken.

Sie saßen nebeneinander, und vor ihren weinenden Augen verschwammen die brennenden Kerzen zu großen glitzernden Lichtkugeln. Sie saßen nebeneinander, und er sagte jedes Jahr: »Diesmal sind die Würstchen aber ganz besonders gut.« Und sie antwortete jedes Mal: »Ich hol dir die von Felix noch aus der Küche. Wir können jetzt nicht mehr warten.« Doch um es rasch zu sagen: Felix kam wieder. Das war am Weihnachtsabend im Jahre 1932 kurz nach sechs Uhr … Die Mutter hatte die heißen Würstchen hereingebracht, da meinte der Vater: »Hörst du nichts? Ging nicht eben die Tür?« Sie lauschten und aßen dann weiter. Als jemand ins Zimmer trat, wagten sie nicht, sich umzudrehen. Eine zitternde Stimme sagte: »So, da ist der Senf, Vater.« Und eine Hand schob sich zwischen den beiden alten Leuten hindurch und stellte wahrhaftig ein gefülltes Senfglas auf den Tisch.

Die Mutter senkte den Kopf ganz tief und faltete die Hände. Der Vater zog sich am Tisch hoch, drehte sich trotz der Tränen lächelnd um, hob den Arm, gab dem jungen Mann eine schallende Ohrfeige und sagte: »Das hat aber ziemlich lange gedauert, du Bengel. Setz dich hin!«

Was nützt der beste Senf der Welt, wenn die Würstchen kalt werden? Dass sie kalt wurden, ist erwiesen. Felix saß zwischen den Eltern und erzählte von seinen Erlebnissen in der Fremde, von fünf langen Jahren und vielen wunderbaren Sachen. Die Eltern hielten ihn bei den Händen und hörten vor Freude nicht zu …

Unterm Christbaum lagen Vaters Zigarren, Mutters Handschuhe und der billige Fotoapparat. Und es schien, als hätten fünf Jahre nur zehn Minuten gedauert. Schließlich stand die Mutter auf und sagte: »So Felix, jetzt hol ich dir deine Würstchen.«

Patrick Roth
Lichternacht

> Da nun Joseph vom Schlaf
> erwachte, tat er, wie ihm
> aufgetragen der Engel des Herrn,
> und nahm seine Frau an.
> *Matthäus 1,24*

Über den Abend des 24. Dezember 2002 habe ich mit den wenigen Gästen, die außer dem Brautpaar und mir damals dabei waren, nie mehr gesprochen. Keiner der Freunde hat ihn, soweit mir bekannt ist, je wieder erwähnt, geschweige denn an Joes Worte gerührt. Eigentlich war es, als hätte es ihn nie gegeben, den Abend. Das »Resultat«, sicher, daran erinnerte sich jeder. Unsere Freunde Joe Travers und Rose Reed waren an jenem Abend getraut worden. In ihrer Wohnung in der Zweiten Straße, unweit vom Santa-Monica-Strand. Die Sonne versank gerade im Meer, und das Wohnzimmer, in dem wir mit dem Bräutigam auf das Erscheinen der Braut warteten, färbte sich eine Zeitlang weinrot.

Eine halbe Stunde zuvor hatte uns Rose noch in T-Shirt und Jeans die Tür geöffnet, dann die Pastorin vorgestellt – eine beleibte Dame, die, flüsterte Rose uns zu, Joe in den Gelben Seiten gefunden und ihrer sympathischen Stimme wegen sofort angeheuert habe (Joe sprach gerade den Ablauf der Zeremonie mit ihr durch) –, hatte an vier von uns *instamatic cameras* verteilt, mit Larry und Trish ein Zeichen verabredet, auf das Trishs Videokamera und Larrys *Here Comes the Bride*-CD gestartet würden, damit sie, Rose, am Treppenabsatz erscheinen könne, und eilte dann aufgeregt, sich aber plötzlich nochmals umwendend – nach wem? nach Joe, sah ich, seltsam und schrecklich, denn mir schien, als nähme sie Abschied in dieser Sekunde –, die Stufen nach oben, um sich, wie Joe ihr mehrmals zugerufen hatte, endlich würdig in Schale zu werfen.

Wie gesagt, eine halbe Stunde war vergangen, noch schien niemand besorgt. Einige hatten Joe gefragt, warum das Paar gerade diesen Tag als Hochzeitstermin gewählt habe. Der Bräutigam hatte die Frage umgangen, hatte fleißig Wein nachgeschenkt, nach dem Buffet gesehen, ein paar Tannenbaumnadeln aufgelesen und sich von Trish, die darauf bestand, die Krawatte neu binden lassen. Trish hielt es für irgendwie aufregend, dass Joe und Rose, wie sie eben gehört habe, sogar den Wortlaut des Eheversprechens geändert hätten.

»Das hätte mir vor zwei Jahren einfallen sollen«, rief Larry, und Trish fand das gar nicht lustig.

Joe wirkte beunruhigt. Mir war, als ginge – um uns her – etwas vor, von dem nur Joe wusste und wofür er verantwortlich war. Larry schien es auch zu spüren. Er meinte, Trish könne ja mal rauf, nach der Braut sehen.

»Nein, lass sie«, sagte Joe. »Wartet noch ein wenig mit mir. Mir fehlt etwas.«

»Die Braut!«, lachte einer.

»Ich bin euch eine Erklärung schuldig.« Joe warf einen Blick zur Treppe. Er zögerte und begann dann zu erzählen. »Es war 1977, am Weihnachtsvorabend, also heute vor … 25 Jahren. Ich war damals – ich lebte noch in New York – in eine junge Frau verliebt …«

»Whoaaa, jetzt kommt's raus, Frau Pastorin, hören Sie gut zu«, rief Larry. »Hey, Rose, hörst du da oben?«

Joe grinste verlegen. »Ich war völlig … besessen von diesem Mädchen. Dachte nur noch an sie, an uns und wie wir … den Rest unseres Lebens zusammen verbringen würden. Ich war

Manager in einem Rund-um-die-Uhr-Diner in der Bronx. Da hatte sie mal ihre Schultasche liegenlassen. Ich weiß nicht, woher ich den Mut nahm … Ich hätte sie anrufen sollen, klar: ›Ihre Sachen liegen hier, Miss. Sie können sie jederzeit abholen.‹ Aber ich tat nichts dergleichen. Fuhr den ganzen Weg rüber nach Queens, über die Brücke – sie wohnte in Whitestone – und bei ihr vorbei und … ja, und ich hielt. Stieg aus, ging zur Tür – ich erinnere mich, ich musste auf halbem Weg nochmals zum Auto zurück, weil ich die Schultasche auf dem Beifahrersitz hatte liegenlassen. Es war ein kleines einstöckiges Haus. Ich habe angeklopft. Ja … Und ein halbes Jahr später hab ich ihr dann den Ring gekauft. Einen Ring. Ich hatte ihr nichts davon gesagt, nichts. Am Weihnachtstag, dachte ich, am Weihnachtsmorgen dann sage ich's ihr, überrasche sie damit. *Willst du meine Frau werden?*«

»Was hast du nur mit dem Tag, Joe?«, meinte Trish. »Weihnachten, Mann, da gibt's doch schon genug zu feiern!«

»Für mich war da nie was«, sagte Joe. »Der Tag hat mir nie was bedeutet. Eine ganze Kindheit lang, dieses Getue! Jeder verschwand zu seiner Familie. Jeder, der eine hatte. Mir hat er nie was bedeutet. Aber der Tag, an dem ich um ihre Hand anhielte, der wäre zu feiern, dachte ich. Der würde mir ein Leben lang was bedeuten, versteht ihr? Ich hatte Vorkehrungen getroffen, von denen sie natürlich nichts ahnen konnte. Weihnachten und den Abend davor hätte ich Nachtschicht im Diner, log ich. ›Habe leider keine Vertretung gefunden‹, sagte ich. Sie war traurig, sah es ein, natürlich. Sie weinte sogar. Da war ich versucht, was zu sagen. Naja, ich werd's bald wieder gutmachen, dachte ich.

Aber dann kam Sal nicht. Sal, der mich die Nacht vor Weihnachten Punkt 10 Uhr ablösen sollte. So war's ausgemacht. Draußen fiel Schnee, schon seit Mittag. Ein starker Wind war hinzugekommen, und ich dachte zunächst: Bei dem Wetter, klar, Sal wird sich ein wenig verspäten. Um 10 Uhr wollte ich los – kurz nach Hause, duschen, dann zu ihr. Aber Viertel vor 11 war er noch nicht da. Um 11 rief ich bei ihm an. Niemand nahm ab. Ich wählte die Nummer der Eltern, die in der Nähe wohnten. Die Mutter behauptete glatt, Sal sei krank. Liege mit hohem Fieber im Bett, was weiß ich. Nein, sie könne dem Sohn den Hörer nicht geben. Mann, hab ich mich aufgeregt! Umsonst, was sollte sie sagen.

Einen Moment lang dachte ich: Du bleibst eben hier. Die Nacht bringst du auch noch rum – mit den andern, die sich im Diner eingefunden hatten. In den zwei, drei Nächten um Weihnachten waren's immer mehr als sonst. Obdachlose, die vorgaben, nur mal eben so auf ein paar Stunden reinzuschaun. Saßen vor ihrem Kaffee und schlossen, du konntest es sehen, die Hand fest um die Tasse, schoben den Finger tief in den Henkelring.

Da kam die Wut wieder hoch. Sollte dieser Sal meinen Plan verderben? Verdammt noch mal: Mein erstes gemeinsames Weihnachten? Ich ging zum Telefon zurück und rief bei ihr an. Sie hatte natürlich nicht mehr mit mir gerechnet. Es klang, als hätte sie schon geschlafen.

Gegen Mitternacht jedenfalls war ich mit meinem Wagen auf dem Weg zu ihr. Ich war in heller Aufregung. Der Schneesturm machte mir zu schaffen. Ich näherte mich gerade der Brücke. Ich weiß noch: Von Queens – vom anderen Flussufer – konntest du nichts mehr erkennen. Als gäbe es das Land schon nicht mehr, wo sie lebt. Windböen stießen mir seitlich an den Wagen. Ich beschleunigte, weiß ich noch, fuhr auf eines der beleuchteten Mauthäuschen am Eingang der Brücke zu. Sein Licht beruhigte mich irgendwie, war schon von weitem zu sehen gewesen. Und dahinter: Der Weg über die Brücke, und dann wäre es nicht mehr weit bis zu ihr. Dachte ich das noch?

Plötzlich gingen die Scheinwerfer aus, die Scheibenwischer hielten, die Flocken schossen aus dem Dunkel heran. Das war das Letzte, was ich sah. Dann ruckte der Wagen geräuschlos nach rechts. Kein Motor mehr zu hören, ich trat voll aufs Pedal. Nichts. Auch keine Kraft in den Armen, das fühlte ich, das Steuer im letzten Moment herumzureißen. Der Wagen prallte mit Wucht gegen das Brückengeländer.

Hab mir die Stirn aufgeschlagen, dachte ich, als ich das Blut aufs Knie tropfen fühlte. Da lag ich mit dem Kopf noch am Steuerrad. Ich richtete mich auf, tastete die Stirn ab. Über der Nasenwurzel blutete es, aber nur leicht. Glück im Unglück, dachte ich. Im Wagen war es rasch kalt geworden. Die Heizung war an, als ich losfuhr, aber der Wind hatte die Wärme aus den Ritzen gesogen. Stieß immer kälter nach. Erst da bemerkte ich, dass ich keinen Mantel trug, nicht mal eine Jacke, und – wie konnte ich das vergessen – losgefahren war, ohne mich umzuziehen. Ich trug nur die dünne Uniform, das weiße Hemd mit dem Diner-Logo und meinem Namensschild.

Ich glaube, da kam mir der Verdacht … – den ich schnell beiseiteschob. Wie gesagt, es war verdammt kalt geworden. Ich drehte den Zündschlüssel um, versuchte, den Motor in Gang zu bringen. Nicht mal ein Hauch von Geräusch. Jedenfalls war bei dem Sturm nichts zu hören. Im Auto könnte ich auf Hilfe nicht warten, wusste ich. Müsste hier raus.

Ich versuchte, durch die Scheibe nach vorn zu sehen. War gar nicht einfach, sie war schon so gut wie zugeweht. Aber die Mautstelle, die eine, glaubte ich im Dunkel noch zu erkennen. Sie lag geradeaus vor mir, ihr warmes Licht – im Sturm schien es gleichsam zu flackern – war keine zwanzig Meter vom Wagen entfernt, schätzte ich.

Erst mal dorthin, dachte ich. Der Mann würde mir weiterhelfen. Den Abschleppdienst rufen.

Ich steige also aus dem Wagen und ... – Sagt mal, könnt ihr mir folgen?«

»Jaja«, antworteten wir ungeduldig, als solle er uns jetzt nicht im Schnee stehenlassen. »Erzähl weiter«, sagte ich und warf einen Blick zum Treppenabsatz: Noch kein Zeichen von Rose.

»Ich steige also aus«, sagte Joe, »und geh ein paar Schritte im Sturm, Kopf nach unten, die Arme – mich panzernd – verschränkt auf der Brust. Schon nach wenigen Metern haut es mich um. Der Wind. Reißt mich zu Boden. Ich liege flach, rapple mich auf, spüre, wie es sofort kalthaftend nachzieht, durch Knie, Arme, die Brust, meine Hände. Ich stiere nach vorn. Mir ist, als säh ich überhaupt nichts mehr, nur noch Dunkelheit. Schwarzen Schnee. Das Licht des Mauthäuschens war nicht mehr zu erkennen. Mein Wagen – ich wandte mich um – war's aber noch, noch gut zu erkennen, wie beruhigend, nur vier, fünf Meter hinter mir. Also weiter, nur weiter, dachte ich, in der Richtung da vorn muss es ja liegen. Wird gleich wieder auftauchen.

Vier, fünf Schritte gegen den eisigen Schneewind, der in voller Stärke auf mich zuhielt, und ich hatte den Eindruck, es könnte noch Stunden dauern, bis ich die Mautstelle erreiche, als wanderte ich schon Tage, so erschöpft war ich.

Endlich sah ich's, wie durch ein Sieb, an dem das Licht brüchig gefror. Sah es auftauchen vor mir, das Häuschen mit seiner Schranke. Ich hörte Weihnachtsklänge hinter den Fenstern, irgendeine glockenselig heile Musik, die mich im Diner verrückt gemacht hätte, mich aber jetzt euphorisch stimmte. Ich würde es schaffen. Der Mann hatte mich schon bemerkt, ungläubig erst, wer da aus dem Dunkel im Sturm vor den Fenstern auftauchte: *Einer zu Fuß!* Ich sah sein besorgtes Gesicht, als er Anstalten machte, mir zu öffnen. Beim letzten Schritt noch, auf die Tür zu, fiel mir ein, dass ich den Ring im Auto gelassen hatte. Dürfte ihn später nicht vergessen.

Sobald ich ins Innere des Mauthäuschens trat, der Mann die Tür hinter mir schloss, Wärme mich umfing, die eine kleine elektrische Heizung – er hatte sie sich seitlich neben den Stuhl gestellt – im Raum verbreitete, war mir, als entdeckte ich eine neue Welt, eine Insel im Sturm, ganz für sich und allen Zeiten trotzend, komme, was da wolle. Ich habe wohl nur gestottert, konnte ihm zunächst nichts erklären. Er winkte ab, gab mir eine Decke und hieß mich die nassen Sachen auszuziehen, Platz auf seinem Stuhl zu nehmen – ich sollte mich erst mal aufwärmen. Er goss mir Tee aus seiner Thermosflasche ein. Der dampfte wohlig, roch nach Likör. Ich trank noch nicht, zog mich mit Mühe aus und war dann zu schwach, mir die Decke um den Leib zu wickeln, mich wieder zu setzen. Er half mir, schob auch den Heizofen zurück, damit, wie er sagte, nichts Feuer finge.

›Heute Nacht noch über die Brücke?‹, fragte er. Das klang, als stünde mein Wagen fahrbereit vor der Tür.

›So war's geplant‹, sagte ich. ›Aber jetzt müssen wir erst mal jemanden bekommen, der mir den Wagen –‹

›Und warum?‹, unterbrach er mich neugierig.

Da durchschoss mich ein Schmerz, riss sich vom Herz bis in die Spitzen der linken Hand, dass ich auffuhr, die Augen schloss. Ich tat aber, als sei ich aufgestanden, besorgt, nach dem Wagen zu sehen. Was geht *den* das an, dachte ich. Was geht's einen Fremden an, warum ich heute Nacht …

›Wir sollten uns um den Wagen kümmern‹, hab ich zu ihm gesagt. Und dachte dabei: Wirklich, bei dem Sturm kannst du froh sein, wenn dich der Abschleppdienst noch ausgraben kann.

Ich blickte also nach hinten, ihm anzudeuten, in welcher Richtung mein Wagen stand. Und erschrak, als ich das Auto – auf die Entfernung – ohne weiteres sehen konnte. Es war angestrahlt, überschneit wie es war, deutlich zu sehen. Eine Polizeistreife hatte ihre Scheinwerfer darauf gerichtet. Ein Blinklicht rotierte, rot-weiß-blaue Flecken spiegelten sich nass auf einer freigelegten Stelle meiner Windschutzscheibe. Da wollen sie sehen, ob jemand noch drin sitzt, dachte ich.

›Ich muss hin, denen sagen, dass ich …‹

Ich winkte den Cops, die mich aber noch nicht bemerkt hatten. Hielt inne, als ich ein zweites Blinklicht bemerkte, das hinter dem Streifenwagen auftauchte. Ich sah Sanitäter herbeieilen. Sah einen Polizisten, der meine Wagentür öffnete: Einen, der drin saß. Vornübergesunken, leblos. Sah *mich*.«

Joe sog den Atem ein, als tauche er unter. Mit uns. Denn da war es, als stünden wir alle im Schneewind auf der Brücke vor seinem Wagen. Hätte ein Zuspätgekommener in diesem Moment durchs Wohnzimmerfenster der Zweiten Straße in Santa Monica geblickt, er hätte niemanden gesehen. Keine Hochzeitsgesellschaft, keinen Bräutigam, niemand in Erwartung der Braut.

Wir standen auf der Brücke nach Queens. Der böige Wind trieb den Schnee in Wirbeln durch die Lichtkegel. Einer war auf die Autotür gerichtet, die ich jetzt öffnete. Ich war der Polizist und hielt Larry, der sich in der Uniform des Sanitäters ins Innere des Wagens beugte, die Tür auf, an der die Winde rüttelten. Joe wurde kurz untersucht. Dann hörte ich Larrys Stimme: »Tot. Schon 'ne ganze Weile.«

»Ich stand am Fenster im Mauthaus«, sprach Joe, »und beobachtete, wie sie mich tot aus dem Wagen zogen. Ich sah meine linke Hand von der Trage gleiten. Sie sank in den Schnee auf der Brücke, als sie mich niederlegten, um auch den anderen Sanitäter einen Blick auf mich werfen zu lassen.

›Heute Nacht noch über die Brücke‹, hörte ich den Mann im

Mauthaus hinter mir sagen. Jetzt war es eine Feststellung, keine Frage mehr.

Nochmals fuhr der Schmerz in mich, der mich bis hierher gebracht hatte. Und mit ihm die Erinnerung: Ich hatte sie noch aus dem Diner angerufen, sie hatte nicht mehr mit mir gerechnet. Es klang, als hätte sie bereits geschlafen. Aber etwas an ihren Worten, ihrem Atem, als ich sagte, ich würde noch kommen, beunruhigte mich. ›Bin gleich bei dir‹, sagte ich und hörte ein Geräusch im Hintergrund, eine Stimme. Einen Mann.

›Wer ist da? Wer ist bei dir?‹, hab ich sie gefragt. Sie schwieg, und als ich sie wiederholte, die Frage, hieß es: ›Komm nicht.‹ Sie habe es mir längst sagen wollen, habe es nicht übers Herz gebracht. ›Übers Herz‹. Sie hat nichts geleugnet. Nichts.

›Morgen komm ich bei dir vorbei‹, hat sie gesagt. Und nochmals hörte ich die Stimme im Hintergrund. Wer immer bei ihr war, war wütend, dass sie überhaupt mit mir sprach. Da wurde mir schwindlig.

Die Bedienung sah, wie ich den Hörer fallen ließ, mich am Geschirrwagen stützte, kaum mehr Atem bekam. Mit letzter Kraft bin ich nach draußen gerannt. Stieg in den Wagen, um zu ihr zu fahren. Ich musste zu ihr, musste sie sehen. Noch diese Nacht.

Es war still geworden im Mauthäuschen. Der Sturm war zu sehen, aber nicht mehr zu hören. Auch das Radio, fiel mir auf, war ausgeschaltet, die Röhren des elektrischen Ofens erloschen. Die Wärme, die blieb, stieg nach oben, und ich glaubte, die Seiten des alten Kalenders, der an der Wand hing, in sanftem Luftstrom rascheln zu hören. Fast unmerklich wurde es dunkler. Das Licht der Deckenlampe, das die Mautstelle hell beleuchtet hatte, nahm sich zurück. Als drehe jemand an einem Rheostat, dachte ich. Der Mann saß wieder in seinem Stuhl, von mir abgewandt. Er wartete. Es sah aus, als warte er, bis auch dieser Raum sich verdunkelt hätte. Ich wusste, gleich ist es so weit.

Ein Dämmerzustand trat ein. Letzte Gedanken zogen vorbei, über die ich nur staunen konnte: Ich sah die geliebte Frau, die ich … gar nicht gekannt hatte. Wer war sie gewesen? Wen liebte ich, wenn ich an sie dachte? ›Wo bist du‹, dachte ich, als spräche ich sie noch einmal an. Auch Bilder aus einem Traum, den ich Tage zuvor gehabt hatte, als ich nah an ihr schlief. Da träumte mir, ich spielte in einem Märchen. Ein paar von uns waren daraus erwacht und mussten nun fliehen, uns verstecken, um nicht mehr im Märchen mitspielen zu müssen. Die meisten spielten es weiter, manche von uns in Todesangst, ihr Wachgewordensein könnte entdeckt werden. Das bist alles du, Joe, das warst alles du, sagte ich mir.

Jetzt war es dunkel. Hinter dem Mann aber, von der anderen Seite der Brücke her, kam ein Licht.

Er stand langsam auf, sah es kommen. Wir beide sahen es kommen. Es waren Scheinwerfer, ein einzelner Wagen, der von der anderen Seite her über die Brücke kam. Sein Licht streifte unsere Fenster. Wie seltsam, dachte ich, wie kindisch märchenhaft: Man kommt von der anderen Seite dich abholen, Joe.

Langsam, sehr langsam, als ginge es über brüchiges Eis, fuhr der Wagen, bis er, einige Spuren entfernt, auf der Höhe der Mautstelle hielt. Jemand stieg aus und – ich sah es sofort – wollte quer über die Bahnen auf den verunglückten Wagen zu. Es war die Frau, die ich liebte. Sie hielt die Hand gegen den Wind und hastete kurz darauf an unseren Fenstern vorbei.

Sie wird sich das nie vergeben, dachte ich. Und im selben Moment: Dabei ist es nicht einmal ihre Schuld. Verglichen mit dem, was mir jetzt bevorstand, verglichen mit der Dunkelheit des Raums, in dem wir standen, schien mir ›Schuld‹ unbegreiflich. Was war das? Etwas, das ich ihr angetan hatte? Etwas, das sie mir schenkte? Weil ich nicht aufwachen wollte – oder, aufgewacht, weiterspielte, todesängstlich weiter im Märchen, ihr den Ring noch zu geben. Zu binden, was unverbunden war.

Ich sah sie zu den Sanitätern eilen. Die Polizisten suchten sie zu beruhigen. Man wollte die Bahre vom Boden heben, den Körper zum Wagen tragen. Da – ich fühlte, wie ein entsetzlicher Schmerz mich durchriss – fasste sie meine Hand. Fasste die Linke, die neben dem Bahrenrand im Schnee lag. Hob sie und legte sie neben mein Bein. Sie ließ nicht los, obwohl es mich schmerzte, ließ nicht los, obwohl die Leute nun standen, die Bahre erhoben, ließ nicht los, obwohl sie damit zum Wagen trotteten, ließ nicht los, obwohl ich schrie, schrie hinterm Fenster, sie solle mich gehen lassen, ließ nicht los. Ließ nicht los, als sie die Bahre in ihren Wagen schoben, ließ nicht los, als einer sagte: ›Das geht nicht, Sie können nicht mit.‹ Ließ nicht los, als sie die Türen zuschlugen, es dunkel wurde. Ließ nicht los. Nie mehr los.«

Joe hatte sie nicht bemerkt. Wir alle hatten sie nicht bemerkt. Nur Larry deutete auf die Treppe, die sich erhellt hatte – denn das war das Zeichen.

»Hey, Joe …«, sagte Larry.

Da kam Rose, zu den Takten von *Here Comes the Bride*, in einem weißen Kleid, das sie auf Montana Avenue gekauft hatte, die Treppe herab auf Joe zu. Als sie seine Hand fasste, vor die Pastorin zu treten, blitzten die Kameras auf.

William Saroyan
Am dritten Tag nach
Weihnachten

Donald Efaw, sechs Jahre und drei Monate alt, stand an der Ecke der dritten Avenue und der siebenunddreißigsten Straße; sein ärgerlicher Vater Harry hatte ihm vor einer Stunde befohlen, eine Minute hier zu warten, während er in den Laden ging, um eine Arznei für Alice zu holen, die hustend und weinend krank zu Bett lag. Alice war drei und hatte sie alle die ganze Nacht wach gehalten. Donalds nervöser Vater Harry hasste den Lärm und gab Mutter die Schuld. Mutter hieß Mabelle. »Mabelle Louisa Atkins Fernandez, ehe ich Harry Efaw heiratete«, hatte der Junge seine Mutter einmal zu einem Mann sagen hören, der das zerbrochene Fenster in der Küche reparieren sollte. »Mein Mann hat von seiner Mutter etwas Indianerblut, und ich habe von meinem Vater etwas Indianerblut. Fernandez klingt mehr mexikanisch oder spanisch als indianisch, aber mein Vater hatte trotzdem einen Schuss indianisches Blut. Allerdings haben wir nie unter Indianern gelebt, wie manche Mischlinge. Wir haben immer in Städten gewohnt.«
Der Junge trug Überziehhosen und ein altes kariertes Jackett, das sein Vater abgetragen hatte; wenn es nicht so schlecht gesessen hätte, dann hätte es einen Mantel für das Kind abgeben können. Die Ärmel waren abgeschnitten, damit sie ihm passten, das war alles. Die Taschen saßen außer Reichweite, und der Junge musste sich die Hände reiben, um sie warm zu halten. Es war jetzt vormittags gegen elf Uhr.
Donalds Vater war in den Laden gegangen. Nun würde er sicher bald herauskommen; und dann gingen sie heim, und dann gab Mutter Alice etwas von dem Zeug – Milch und Medizin –, und

dann hörte Alice auf zu weinen und zu husten, und die Eltern hörten auf zu streiten.

Der Laden war Haggertys Bar. Sie hatte einen Eingang an der Ecke und einen andern an der Seitenstraße. Harry Efaw hatte den Ausgang nach der 37. Straße benutzt, fünf Minuten nachdem er hineingegangen war. Er hatte den Jungen auf der Straße nicht vergessen, er wollte nur eine Weile weg von ihm, und auch weg von den andern. Er hatte einen kleinen Schuss Korn getrunken, der zu viel gekostet hatte, das war alles. Er hatte einen Vierteldollar gekostet, und das war zu viel für einen Schuss Korn. Er hatte das Getränk hinuntergekippt und war aus dem Lokal gelaufen und weggegangen; er wollte nach ein paar Minuten zurückkommen und den Jungen abholen und dann Lebensmittel und Medizin kaufen und nach Hause gehen, um zu sehen, ob etwas gegen die Krankheit des kleinen Mädchens zu tun sei, aber irgendwie war er einfach immer weitergegangen.

Endlich trat Donald in den Laden und merkte, dass er anders war als jeder andere Laden, den er gesehen hatte. Der Mann in der weißen Jacke sah ihn an und sagte: »Du darfst nicht hier herein. Geh nach Hause.«

»Wo ist mein Vater?«

»Ist der Vater dieses Jungen hier im Hause?«, rief der Mann, und alle Leute im Lokal, es waren sieben Männer, drehten sich um und sahen Donald an.

Sie sahen ihn nur einen Augenblick an, dann fuhren sie fort zu trinken und zu reden.

»Wer auch dein Vater ist«, sagte der Mann, »hier ist er nicht ...«

»Harry«, sagte Donald. »Harry Efaw.«

»Ich kenne niemand, der Harry Efaw heißt. Los, geh nach Hause!«

»Er sagte mir, ich soll draußen eine Minute warten.«

»Ja, ich weiß. Na ja, hier kommen viele Leute her, die bloß ein Glas trinken und dann gehen. Ich glaube, er hat's auch so gemacht. Wenn er dir gesagt hat, du sollst draußen warten, dann tu's lieber. Du kannst nicht hier drin bleiben.«

»Draußen ist es kalt.«

»Ich weiß, dass es draußen kalt ist«, sagte der Barkellner.

»Aber du kannst hier nicht bleiben. Warte draußen, wie's dir dein Vater gesagt hat, oder geh nach Hause.«

»Ich weiß nicht wie«, sagte der Junge.

»Weißt du die Adresse?«

Offenbar verstand der Junge den Sinn der Frage nicht, und so versuchte es der Barkellner auf andere Art.

»Weißt du die Nummer von eurem Haus, und den Namen der Straße?«

»Nein. Wir kamen zu Fuß. Um Medizin für Alice zu holen.«

»Ja, ich weiß«, sagte der Mann geduldig. »Und ich weiß auch, dass es draußen kalt ist, aber es ist besser, du gehst trotzdem hier heraus. Ich darf keine kleinen Jungens in dies Lokal kommen lassen.«

Ein schwächlicher Mann von etwa sechzig, der mehr als halbbetrunken und halbtot war, stand von seinem Tisch auf und ging auf den Barkellner zu.

»Ich würde den Jungen gern nach Hause bringen, wenn er mir den Weg zeigt.«

»Setzen Sie sich wieder«, sagte der Barkellner. »Der Junge weiß den Weg nicht.«

»Vielleicht doch«, sagte der Mann. »Ich habe selbst Kinder gehabt, und die Straße ist kein Platz für kleine Jungens. Ich bringe ihn wirklich gerne nach Hause zu seiner Mutter.«

»Ich weiß«, sagte der Barkellner. »Aber setzen Sie sich nur hin.«

»Ich bringe dich heim, Jungchen«, sagte der alte Mann.

»Setzen Sie sich hin.« Der Barkellner schrie es fast, und der alte Mann drehte sich erstaunt um.

»Für was halten Sie mich überhaupt?«, fragte er leise. »Der Junge hat Angst bekommen und friert und braucht seine Mutter.«

»Wollen Sie sich bitte hinsetzen?«, sagte der Barkellner. »Ich weiß alles von dem Jungen. Und Sie sind schon gar nicht der Mann, um ihn nach Hause zu seiner Mutter zu bringen.«

»Jemand muss ihn doch nach Hause zu seiner Mutter bringen«, sagte der alte Mann leise, dann rülpste er. Er steckte in abgetragener und derber Kleidung von der Art, die man – das wusste der Barkellner – von Wohlfahrtsverbänden bekommt. Er besaß vermutlich noch dreißig oder vierzig Cents für Bier, Geld, das er sich höchstwahrscheinlich erbettelt hatte.

»Es ist der dritte Tag nach Weihnachten; keiner von uns hat das Recht, einfach zu vergessen, dass man so einem kleinen Burschen nach Hause helfen muss!«

»He, was ist eigentlich los?«, fragte ein anderer Trinker von seinem Platz her.

»Nichts ist los«, sagte der Barkellner. »Der Vater dieses Jungen hat zu ihm gesagt, er soll draußen auf ihn warten – das ist alles.« Der Mann wandte sich an Donald Efaw. »Wenn du nicht weißt, wie du nach Hause kommst, dann warte eben draußen, wie's dir dein Vater gesagt hat; sicher kommt er bald zurück und nimmt dich mit nach Hause. Nun mach voran – geh raus!«

Der Junge verließ das Lokal und begab sich wieder dorthin, wo er schon über eine Stunde gestanden hatte. Der alte Mann ging dem Jungen nach. Der Barkellner schwang sich über die Bar, griff vor der Schwingtür den Alten bei den Schultern, drehte ihn herum und führte ihn zurück zu seinem Stuhl.

»Jetzt setzen Sie sich«, sagte er sanft. »Es steht Ihnen nicht zu, sich Gedanken über den Jungen zu machen. Kümmern Sie sich um sich selbst. Ich werde dafür sorgen, dass ihm nichts passiert.«

»Für was halten Sie mich überhaupt?«, sagte der alte Mann wieder.

Mit einem kurzen Blick die Straße auf und nieder wandte sich der Barkellner, ein kleiner, gedrungener Ire, Anfang der fünfzig, an der Schwingtür um und sagte: »Haben Sie in letzter Zeit einmal in den Spiegel gesehen? Sie würden nicht bis zur nächsten Ecke kommen, mit dem kleinen Jungen an der Hand.«

»Warum nicht?«, fragte der alte Mann.

»Weil Sie nicht wie der Vater irgendeines kleinen Jungen aussehen oder wie ein Großvater oder Freund oder sowas.«

»Ich hatte selbst Kinder«, sagte der Alte leise.

»Ich weiß«, sagte der Barkellner. »Aber sitzen Sie bloß still. Manche Leute dürfen eben nett zu Kindern sein, und manche nicht. Das ist alles.«

Er brachte eine Flasche Bier zum Tisch des alten Mannes und stellte sie neben sein leeres Glas.

»Hier ist eine Flasche auf meine Rechnung«, sagte er. »Ich darf zu alten Leuten, wie Sie einer sind, gelegentlich nett sein, und Sie dürfen gelegentlich zu Barkellnern, wie ich einer bin, nett sein. Aber Sie dürfen nicht nett sein zu einem kleinen Burschen, dessen Vater wahrscheinlich in einem Lokal hier in der Nähe ist. Sitzen Sie lieber still und trinken Sie Ihr Bier.«

»Ich brauche Ihr dreckiges Bier nicht«, sagte der alte Mann. »Und Sie können mich nicht gefangen halten in Ihrer dreckigen Bar.«

»Bleiben Sie bloß still sitzen, bis der Vater des Jungen kommt und ihn nach Hause bringt, dann können Sie so schnell Sie wollen hier heraus.«

»Ich will aber jetzt hier raus«, sagte der alte Mann. »Ich brauche von niemand in der ganzen Welt Schimpfworte einzustecken. Wenn ich Ihnen mal was darüber erzählte, wer ich bin, ich glaube, dann würden Sie nicht so zu mir sprechen, wie Sie gesprochen haben.«

»Gut, gut«, sagte der Barkellner. Er wollte nicht, dass ihm die Sache aus der Hand glitt, er wollte keinen Krach, und er spürte, dass er den Alten im Guten davon abbringen konnte, dem Jungen durchaus helfen zu wollen. »Erzählen Sie mir was darüber, wer Sie sind, und vielleicht sprech ich dann ganz anders zu Ihnen, nicht so wie jetzt.«

»Das würden Sie sicher, sag ich Ihnen!«, sagte der alte Mann. Der Barkellner war froh, als er sah, dass der Alte sich Bier in sein Glas goss. Er beobachtete, wie er das erste Drittel des Glases austrank, und dann sagte der alte Mann: »Mein Name ist Algayler, ja, das ist mein Name.«

Er trank noch etwas Bier, und der Barkellner wartete, dass er weiterspräche. Er stand jetzt am Ende der Theke, so dass er ein Auge auf den Jungen auf der Straße haben konnte. Das Kind rieb die Hände aneinander, aber sonst fehlte ihm offenbar nichts. Es war ein Junge, der durch Härten aller Art zäh geworden war, und das Warten auf der Straße, bis der Vater käme, würde ihm nicht übermäßig viel anhaben können.

»Algayler«, sagte der alte Mann wieder, und er sprach leise weiter. Der Barkellner konnte nicht hören, was er dann sagte, aber das machte nichts, denn er wusste, dass der Alte von jetzt an in Ordnung war. Er hatte wieder völlig zu sich selbst zurückgefunden.

Eine Frau, die schon etwa eine Woche jeden Tag um Mittag in die Bar kam, trat ein mit einem Foxterrier an der Leine und sagte: »Draußen steht ein kleiner Junge vor der Tür – in der Kälte! Zu wem gehört er denn?«

Die Frau biss die falschen Zähne zusammen, als sie die Trinker musterte, und der Hund tanzte um ihre Füße, um sich an die Wärme des Lokals zu gewöhnen.

»Ihm fehlt nichts«, sagte der Barkellner. »Sein Vater macht eine Besorgung. Er wird jede Minute zurückkommen.«

»Er täte gut daran, in einer Minute zurückzukommen«, sagte die Frau. »Wenn ich etwas nicht ausstehen kann, dann ist es ein Vater, der seinen Jungen auf der Straße rumstehen lässt!«

»Algayler.« Der alte Mann drehte sich um und sprach mit sehr lauter Stimme.

»Was sagen Sie zu mir, Sie betrunkener alter Strolch?«, sagte die Frau. Der Hund ging auf den alten Mann zu, strammte die Leine und bellte ein paar Mal.

»Es ist nichts Schlimmes«, sagte der Barkellner höflich. »Er hat nur seinen Namen gesagt.«

»Na, dann ist es ja in Ordnung, wenn er nichts anderes gesagt hat«, meinte die Frau und biss ihre falschen Zähne wieder zusammen. Auch der Hund beruhigte sich ein wenig, musste aber immer noch wegen der Wärme herumtanzen. Er trug eine kleine Schabracke, die sie ihm bei kaltem Wetter immer anzog, aber die nützte seinen Pfoten nichts, und seine Pfoten waren es, die die Kälte am meisten spürten.

Der Barkellner goss Bier für die Frau in ein Glas, und sie begann, an der Bar stehend, zu trinken. Schließlich kletterte sie auf einen Barstuhl, um sich's gemütlich zu machen, und der Hund hörte auf zu tanzen, um herumzuschnüffeln.

Der Barkellner brachte Algayler eine weitere Flasche Freibier, und ohne ein Wort, ja, ohne einen Blick waren beide übereingekommen, auf dieser Basis Frieden zu halten.

Ein Mann von etwa fünfunddreißig, dessen Gesicht und sauber geschnittenes Bärtchen irgendwie bekannt schienen, trat von der Tür zur siebenunddreißigsten Straße her ein und forderte einen Schluck Bourbon; der Barkellner schenkte ein und fragte darauf so leise, dass kein anderer ihn hören konnte: »Das ist doch sicher nicht Ihr Sohn, der da draußen steht, nicht wahr?«

Der Mann hatte das kleine Glas an die Lippen gehoben und dabei angeschaut, aber nun, nachdem er die Frage gehört hatte, sah er vom Glas auf zum Barkellner, schluckte schnell hinunter und ging wortlos zum Fenster, um einen Blick auf den Jungen zu werfen. Schließlich wandte er sich nach dem Barkellner um und schüttelte den Kopf. Er forderte noch ein Glas und trank es aus, dann ging er hinaus und an dem Jungen vorbei, ihn kaum beachtend.

Nachdem Algayler seine zweite Flasche Bier ausgetrunken hatte, begann er auf seinem Stuhl vor sich hinzudösen, und die Frau mit dem Foxterrier fing an, dem Barkellner etwas von ihrem Hund zu erzählen.

»Ich habe Tippy, seit er lebt«, sagte sie, »und wir sind die ganze Zeit zusammen gewesen. Jede Minute!«

Ein Mann unter Dreißig in ziemlich guter Kleidung kam um Viertel nach zwölf herein und bestellte sich einen Johnny Walker, Schwarzes Etikett, auf Eis und mit einem Glas Wasser, entschied sich dann rasch für Rotes Etikett, und als er ausgetrunken hatte, fragte er: »Wo ist der Fernsehapparat?«

»Wir haben keinen.«

»Keinen Fernsehapparat?«, fragte der Mann aufgeräumt. »Ja, was ist denn das für'n Laden? Ich wusste nicht, dass es in ganz New York 'ne Bar gibt, die keinen Fernsehapparat hat. Was sehen sich die Leute denn hier drin an?«

»Wir haben bloß einen Musikautomaten.«

»Gut, also okay«, sagte der Mann. »Wenn das alles ist, was Sie haben, dann ist es eben alles. Was möchten Sie gern hören?«

»Ganz nach Ihrem Belieben.«

Der Mann studierte die Titel der verschiedenen Platten, die im Automaten waren, und sagte dann: »Wie wär's mit Benny Goodman – Jingle Bells?«

»Wie Sie wünschen«, sagte der Barkellner.

»Okay«, sagte der Mann und steckte einen Nickel in den Schlitz, »also Jingle Bells.«

Der Automat lief an, während sich der Mann wieder an die Bar setzte und der Barkellner ihm noch ein Glas Rotes Etikett über Eis mischte. Die Musik begann, und nachdem der Mann einen Augenblick zugehört hatte, sagte er: »Das ist nicht Jingle Bells, das ist etwas anderes.«

»Sie haben auf die falsche Nummer gedrückt.«

»Na«, sagte der Mann freundlich, »spielt keine Rolle. Spielt keine Rolle. Das da ist auch keine schlechte Nummer.«

Der Junge kam wieder herein, aber der Musikautomat machte zu viel Lärm – der Barkellner konnte ihm nicht sagen, er solle hinausgehen, ohne ihn anzuschreien, und so ging er hinüber zu dem Jungen und führte ihn hinaus auf die Straße.

»Wo ist mein Vater?«, sagte Donald Efaw.

»Er wird jede Minute zurück sein. Warte nur hier draußen!«

So ging es weiter bis halb drei, als es anfing zu schneien. Der Barkellner passte einen geeigneten Augenblick ab, um hinauszugehen und den Jungen hereinzuholen. Er machte kleine Abstecher in die Küche und holte dem Kind etwas zu essen. Der Junge saß auf einer Kiste hinter der Theke, so dass ihn niemand sehen konnte, und aß von dem Deckel einer zweiten Kiste.

Nachdem er gegessen hatte, wurde er schläfrig, und nun machte ihm der Barkellner ein Lager auf ein paar leeren Bierkästen, wo er sich ausstrecken konnte; er benutzte seinen Mantel als Matratze und drei alte Schürzen aus dem Wäschebeutel und sein Jackett als Decke. Sie hatten beide kein Wort gesprochen, er und der Junge, seit er ihn hereingebracht hatte, und als das Kind sich jetzt ausstreckte und am Einschlafen war, lächelte und weinte es beinahe gleichzeitig.

Die morgendlichen Trinker waren weggegangen, mit ihnen Algayler und die Frau mit den falschen Zähnen und dem Foxterrier, und das einkehrende Publikum wechselte ein weiteres Mal, während der Junge immer noch schlief.

Es war Viertel vor fünf, als er sich aufrichtete. Er erinnerte sich schnell an den Barkellner, aber sie sprachen wieder nicht. Er setzte sich auf, als wäre er zu Hause in seinem Bett, träumte zehn Minuten mit offenen Augen und stieg dann herunter.

Jetzt war es draußen dunkel, und es schneite so heftig wie bei einem Unwetter. Der Junge betrachtete einen Augenblick den Schnee, dann wandte er sich um und sah zu dem Barkellner auf.

»Ist mein Vater zurückgekommen?«, fragte er.

»Noch nicht«, sagte der Barkellner.

Er kniete sich zu dem Jungen, um mit ihm zu sprechen.

»In ein paar Minuten bin ich mit meiner Arbeit fertig, und wenn du mir euer Haus zeigen kannst, wenn du's siehst, werde ich versuchen, dich nach Hause zu bringen.«

»Ist denn mein Vater nicht gekommen?«

»Nein, er ist nicht gekommen. Vielleicht hat er vergessen, wo er dich stehenließ.«

»Er ließ mich doch hier«, sagte der Junge, als wäre das etwas, was man unmöglich vergessen kann. »Direkt vor der Tür.«

»Ich weiß.«

Der Barkellner vom Nachtdienst kam in seiner weißen Jacke aus der Küche und sah den Jungen.

»Wer ist denn das, John? Eins von deinen Kindern?«

»Hmmm ja«, sagte der Barkellner, der keine Lust hatte, dem andern auseinanderzusetzen, was geschehen war.

»Wo hat er denn den Rock her?«

Der Junge zuckte zusammen und sah zu Boden.

»Es ist ein alter Rock von mir«, sagte der Barkellner. »Er hat natürlich einen eigenen, aber er will durchaus gerade diesen alten Rock tragen.«

Der Junge blickte mit einem Mal zu dem Barkellner auf, überrascht.

»Ja, ja, John, so ist es nun einmal mit Kindern«, sagte der vom Nachtdienst, »immer wollen sie gerne so sein wie der Vater.«

»Das stimmt«, sagte der Barkellner.

Er legte seinen weißen Kittel ab und zog sein Straßenjackett und seinen Mantel an und nahm den Jungen bei der Hand.

»Gute Nacht«, sagte er, und sein Kollege wünschte ihm auch Gute Nacht und sah ihm nach, wie er mit dem Jungen auf die Straße trat.

Schweigend gingen sie drei Blocks weiter, dann traten sie in einen Drugstore und setzten sich an den Ladentisch.

»Schokolade oder Vanille?«

»Ich weiß nicht.«

»Ein Schokoladen- und ein Vanille-Eiscreme-Soda«, sagte der Barkellner zu dem Soda-Jungen, und als die Gläser auf der Theke standen, machte sich der Barkellner an das Vanille-Eis. Der Junge ließ sich das andere schmecken, und dann gingen sie wieder zusammen hinaus in den Schnee.

»So, nun versuch dich mal zu erinnern, in welcher Richtung du wohnst. Kannst du das wohl?«

»Ich weiß die Richtung nicht.«

Der Barkellner stand im Schnee und versuchte sich klarzumachen, was er tun sollte, aber das war schwer, und er kam nicht weit.

»Also«, sagte er schließlich, »was meinst du – willst du die Nacht zu Hause bei mir und meinen Kindern bleiben? Ich habe zwei Jungen und ein kleines Mädel. Wir machen dir ein Lager, wo du schlafen kannst, und morgen kommt dein Vater und holt dich ab.«

»Kommt er?«

»Na sicher!«

Sie gingen weiter im lautlosen Schneetreiben, und dann hörte der Barkellner, wie der Junge leise zu weinen anfing. Er versuchte nicht, ihn zu trösten, weil er wusste, dass es für ihn keinen Trost gab. Aber der Junge ließ sich nicht gehen, er weinte nur ganz leise und ging mit seinem Freund weiter. Er hatte von Fremden gehört, und er hatte von Feinden gehört und war zu der Meinung gekommen, dass sie ein und dasselbe seien, aber hier war nun jemand, den er nie zuvor gesehen hatte und der doch weder ein Fremder noch ein Feind war. Trotzdem war es schrecklich einsam ohne seinen ewig gereizten Vater.

Sie fingen an, ein paar Stufen hinaufzusteigen, die mit Schnee bedeckt waren, und der Freund des Jungen sagte: »Siehst du, hier wohnen wir. Jetzt bekommen wir etwas Warmes zu essen, und dann kannst du dich schlafen legen, bis morgen, wenn dein Vater dich abholen kommt.«

»Wann wird er kommen?«, fragte der Junge.

»Morgen früh«, sagte sein Freund.

Als sie in das beleuchtete Haus traten, sah der Barkellner, dass der Junge nicht mehr weinte – vielleicht würde er nie mehr weinen müssen.

Wahre Wunder

Thomas Bernhard

Von sieben Tannen und vom Schnee …
Eine märchenhafte Weihnachtsgeschichte

Jedes Jahr am Heiligen Abend machte ich den langen Weg hinüber nach St. Brigitten, um von einer weißhaarigen, gütigen Frau die drei Christkerzen für unseren Weihnachtstisch zu holen. »Die ist gegen das Feuer, die gegen die Not, und die für ein ewiges Leben«, sagte die Alte, wickelte alle drei in einen Leinenlappen und steckte sie in meinen kleinen Sack, den ich auf dem Rücken trug. Dann schenkte sie mir einige zuckerbestreute Sichelmonde und Sterne, lächelte und verschloss die Tür, während ich durch den tiefen Schnee nach Hause stapfte …

Das war genau sieben Jahre, nachdem mich die Welt übernommen hatte.

Eine gute Stunde hatte ich bis nach Henndorf zurückzulegen, das in einem weiten, bis an den See reichenden Tale lag, in dem es so kalt werden konnte, dass sogar die Eisblumen an den Fenstern erfroren. Nicht lange, nachdem die Sonne hinter den Hügeln verschwunden war, wanderte schon der Vollmond über die dunklen Fichten. Ab und zu tauchte im flachen Nebel ein Stubenlicht auf oder es schrie eine Krähe am Rand des zugefrorenen Teichs. Unter meinen festen Schritten knirschte der kristalle Schnee und im Mondlicht dampfte der Atem. Ich weitete die Brust und zählte die Sterne, die am Himmel aufleuchteten, aber schließlich waren es so viele, dass ich nicht mehr wusste, wo ich zu zählen begonnen hatte, und wo aufgehört. Auf der weißen Fläche, die sich unendlich an den Horizont dehnte, spiegelten sich Millionen irdischer Sonnen wider, und wurden so zu einem einzigen Licht, das die Welt überstrahlte.

Da mag ich wohl an den Himmel gedacht haben, und an alle, die ihn nicht glauben. Da mag ich sehr glücklich gewesen sein und zufrieden und hingehorcht haben an tausende Dinge, die in mir und um mich waren: die tiefe Nacht!

Und wenn ich zu den Wipfeln empor sah und noch weiter und weiter hinauf, dann wusste ich auch, dass das ewige Leben, von dem die Alte erzählte, die höchste Empfindung im Anblick des Seins ist …

Vor der kleinen Kapelle mit der bemalten Madonna blieb ich stehen. Und weil ich sie immer aufsuchte, wenn ich vorbei kam, schlug ich den Schnee von den Schuhen und stellte mich unter das tiefblaue Gewölbe. Ich faltete die Hände, aber ich betete nicht, denn wenn das Glück und die Offenbarung am nächsten sind, glaubt man nur und erfüllt. – Da standen drei Heilige hinter dem Eisengitter, der eine im goldenen, der andere im gelben und der dritte im braunen Mantel. Alle drei aus jahrhundertealtem Eschenholz. Ihre teils fröhlichen und ernsten Gesichter waren von der Sonne gebleicht. Je mehr ich sie aber betrachtete, umso größer wurden sie. Ihre Hände bewegten sich, ihre Augen leuchteten und dann war es auch, als redeten sie miteinander. Vielleicht öffnete sich auch das Gitter? Aber ein Chor von Hunderten von Engeln sang … langsam ging ich ihnen nach, durch den eisigen Winter, immer tiefer ins Schweigen der Nacht.

Die drei Heiligen führten mich an die Ränder des Waldes, wo der frischgefallene Schnee so tief lag, dass nur die Wipfel der jungen Tannen herausschauten und wo es so ruhig war, dass man nur die Schritte hörte, die große, dunkle Löcher in die weiße Decke drückten. Manchmal bewegte sich einer der herabhängenden Äste, oder fiel Schnee von den Zweigen, als wäre ein Reh in die Lichtung getreten. Hie und da war es, als knisterte ein Stern. Vom Großen Bären fielen tausende Schuppen herab …

»Komm«, sagte der eine Heilige, »wir gehen zu den sieben Tannen, die die Welt bedeuten.«

»Die Welt?«, fragte ich.

»Ja, die ganze …«, meinte der kleinste, von dem ich wusste, dass er Antonius hieß, und der dritte war schon weit voraus.

Meine Schritte machte ich immer leichter, und schließlich schwebte ich wie der Mond über das ganze große Waldstück.

»Da her!«, sagte Andreas, der ein wunderbares Gesicht hatte und tiefleuchtende Augen. Mich wunderte, dass es ihn nicht fror, denn an den Füßen hatte er noch immer die dünnen Sandalen. Aber sein Bart schien ihn wirklich zu wärmen …

Mitten im Schnee, in der Nähe eines kleinen Hügels, standen sieben Tannen. Die erste war die größte, die siebente am allerkleinsten. Sie konnte den Schnee, der ihren Wipfel niederdrückte, kaum ertragen.

»Da sind sie …«, sagte einer von den dreien, »alle sieben. Sie leben sehr zurückgezogen, die Schönheit, die Wahrheit, die Reinheit, die Vernunft, der Glaube, die Hoffnung und …«

»… und die Liebe«, sagte der kleinste, dem es gar nicht recht war, dass der Mond seinen Kahlkopf beschien.

»Die ist am schlechtesten daran, sie kann nicht nachkommen«, sagten alle drei versonnen und schüttelten die Köpfe. Dann war es ganz still.

»Warum kann sie nicht nachkommen?«, fragte ich nach einer Weile.

»Ja«, überlegten sie, »weil … weil sie so schwächlich ist …«

»Man müsste sie pflegen. Es gibt doch Menschen, die mit ihr umzugehen wissen«, meinte ich, recht verwundert.

»Niemand geht so weit heraus, um sich ihrer anzunehmen«, stellten die Heiligen fest. »Sie haben alle keine Zeit …«

»Keine Zeit?«

»Ja …«

»Ach«, sagte ich, »dann wird sie vielleicht verkümmern …«

Ich rüttelte sie von allen Seiten so fest, dass der ganze Schnee von ihren schwachen Ästen fiel – und da war es mir auch, als atmete sie tief.

Die Wahrheit neigte sich vor. Die Hoffnung aber, die fast so klein war wie die Liebe, wurde in diesem Augenblick vom Mond erleuchtet, so dass man glauben hätte können, sie wäre aus lauter Gold.

Alles war so wunderschön.

Die drei Heiligen aber standen da, und wussten keinen Rat. Alle vier sanken wir immer tiefer in den Schnee, und der Älteste holte ab und zu einen Stern vom Himmel, ohne dass sie weniger geworden wären, um seine Hände zu wärmen. Und endlich rief ich ganz begeistert: »Dann will ich sie pflegen! Ich …«

Eine schwere Hand war auf meine Schulter gefallen. – Der Vater stand hinter mir.

»Was treibst du so lange?«, fragte er streng und sein Atem war warm und stieg wie Flaum in die Nachtluft. Nachdenklich ging ich mit ihm den schmalen Weg hinunter.

»Ist dir kalt?«, fragte er.

»Nein …«

»Und wen willst du pflegen?«

»Die Liebe, Vater … die Hoffnung und die Liebe …«, flüsterte ich, und war von allen der Glücklichste.

Paul Maar

Der doppelte Weihnachtsmann

Ich muss ungefähr sechs Jahre alt gewesen sein, als ich anfing, nicht mehr so recht an den Weihnachtsmann zu glauben.

»Gibt es den Weihnachtsmann eigentlich wirklich?«, fragte ich Mama, als wir am Nachmittag gemütlich zusammensaßen und Weihnachtsschmuck bastelten.

»Du hast ihn doch oft gesehen«, sagte Mama. »Erinnerst du dich nicht an letztes Weihnachten, wie er hereinkam hier ins Zimmer, mit seinem langen Mantel und seinem weißen Bart? Wir haben doch zusammen Weihnachtslieder gesungen.«

»Jaja«, sagte ich. »Aber wie viel Weihnachtsmänner gibt es eigentlich?«

»Wie viele? Natürlich nur einen. Den Weihnachtsmann!«, sagte sie.

»Und der kommt auch zum Klaus?«, fragte ich weiter. Klaus war mein Freund. Er wohnte ein paar Häuser weiter.

»Ja, natürlich«, sagte Mama.

»Und zur Elke nach Paderborn auch?« Elke war vor zwei Monaten mit ihren Eltern nach Paderborn gezogen.

»Ja, zu Elke auch«, sagte Mama.

»Und zu den Kindern in München und in Hamburg?«, fragte ich.

»Zu denen kommt er auch!«

»Wie kann er denn am gleichen Abend in München und in Hamburg und in Paderborn sein?«, fragte ich.

»Wie er das kann, weiß ich auch nicht«, sagte Mama.

»Er kann es halt. Dafür ist er eben der Weihnachtsmann. Als Weihnachtsmann kann er vielleicht an zwei Orten gleichzeitig sein.«

Damit waren meine Zweifel aber noch lange nicht verschwunden. Ich hatte sogar einen bestimmten Verdacht.

»Wieso ist Papa eigentlich nie dabei, wenn der Weihnachtsmann kommt?«, fragte ich.

Mama tat erstaunt. »Ist er denn nie dabei?«, fragte sie.

»Nein«, antwortete ich. »Jedes Mal sagt er am Weihnachtsabend, er müsse noch was erledigen, und dann geht er weg. Und gleich darauf kommt dann der Weihnachtsmann. Und wenn der Weihnachtsmann mit dir und mir Lieder gesungen hat und wieder weggegangen ist, dann kommt Papa zurück und fragt uns, wie es denn gewesen sei mit dem Weihnachtsmann!«

»So ein Zufall!«, sagte Mama. »Ich werde Papa sagen, dass er diesmal dableiben soll, wenn der Weihnachtsmann kommt.«

Als Papa am Abend nach Hause gekommen war, hörte ich die beiden in der Küche halblaut miteinander reden. Ich ging leise zur offenen Küchentür, um zuzuhören.

»*Du* kannst es jedenfalls nicht mehr machen«, sagte Mama gerade zu Papa. »Er hat etwas gemerkt.«

»Aber wer denn dann?«, fragte Papa.

»Vielleicht Robert?«, sagte Mama. »Wir haben Robert doch sowieso zu Weihnachten eingeladen. Da kann er ja …« In diesem Augenblick sah sie mich in der Tür stehen, brach mitten im Satz ab und sagte zu mir: »Du musst jetzt mal in dein Zimmer gehen. Wir wollen gerade etwas Wichtiges besprechen. Etwas, das nur die Erwachsenen angeht.«

Damit schob sie mich in mein Zimmer, und ich konnte nicht erfahren, was die beiden wohl besprechen wollten.

Drei Tage später war Weihnachtsabend. Wir saßen im Esszimmer und warteten auf den Weihnachtsmann. Und auf Onkel Robert. Onkel Robert war der Bruder von Papa. Er wollte dieses Weihnachten mit uns feiern.

»Wo Robert nur bleibt?«, sagte Papa und schaute auf die Uhr. »Er wollte doch schon längst da sein.«

»Es schneit. Vielleicht kommt er mit dem Auto nicht durch«, sagte Mama.

»Hoffentlich hast du nicht recht«, meinte Papa und schaute wieder auf die Uhr.

Wir warteten eine Viertelstunde, eine halbe Stunde, und ich fragte alle fünf Minuten, wann denn der Weihnachtsmann käme. Aber er kam nicht. Und Onkel Robert auch nicht.

Papa wurde immer ungeduldiger. Plötzlich sprang er auf, ging aus dem Zimmer und rief uns im Hinausgehen zu: »Ich muss noch 'ne Kleinigkeit erledigen. Es dauert nicht lange, ich bin gleich wieder da!«

Ich fand es sehr schade, dass Papa gerade jetzt weg musste. Ich hatte Sorge, der Weihnachtsmann könnte vielleicht wieder gerade dann kommen, wenn Papa weg wäre. Und wirklich: Papa war kaum fünf Minuten aus dem Zimmer, da klopfte es an die Tür, und der Weihnachtsmann kam herein.

Es war wie jedes Jahr: Erst fragte er mich, ob ich auch immer schön brav gewesen wäre. Dann sangen wir zusammen »Stille Nacht«, und dann gingen alle hinüber ins Weihnachtszimmer.

Nach einer Weile sagte Mama: »So, lieber Weihnachtsmann, jetzt hast du dir einen ordentlichen Schluck verdient, jetzt darfst du in die Küche gehen und was trinken!« Und der Weihnachtsmann ging in die Küche. Kaum war er hinter der Küchentür verschwunden, da hörten Mama und ich vom Flur her laute Schritte und Gepolter.

»Um Gotteswillen!«, rief Mama, irgendwie erschrocken.

»Nein, Robert ...«

Da ging die Tür auf. Aber es war nicht Robert, der hereinkam, sondern der Weihnachtsmann. Weiß der Himmel, wie er es geschafft hatte, von der Küche aus in den Flur zu kommen! Vielleicht war er aus dem Küchenfenster gestiegen und zum Flurfenster wieder herein. Er kam direkt auf mich zu. Ich war so damit beschäftigt, meine Geschenke auszupacken, dass ich ihn gar nicht weiter beachtete. Schließlich hatten wir uns ja eben lange unterhalten und zusammen ein Lied gesungen!

»Na, willst du denn gar nicht aufstehen?«, fragte der Weihnachtsmann mit tiefer Stimme und baute sich vor mir auf. Erstaunt stellte ich mich vor ihn hin.

»Nun, bist du denn auch immer brav gewesen?«, fragte er und schaute mich streng an.

»Das hab ich dir gerade doch schon gesagt«, sagte ich erstaunt.

»Wann gerade?«, fragte der Weihnachtsmann.

»Na eben«, sagte ich. »Bevor wir zusammen gesungen haben.«

»Wann sollen wir gesungen haben?«, fragte der Weihnachtsmann ganz ratlos.

Ich wusste nicht, ob er wirklich so vergesslich war oder ob er vielleicht einen Spaß machen wollte. Ich sagte mal überhaupt nichts.

»Was haben wir denn angeblich gesungen?«, fragte der Weihnachtsmann weiter.

»Na, ›Stille Nacht, hei‹ …« So weit war ich gerade gekommen, da schaute ich zufällig zur Küchentür hinüber. Und da sah ich etwas so Verwunderliches, dass ich aufhörte zu reden und mit offenem Mund staunte. Mama hatte doch recht gehabt! Der Weihnachtsmann konnte wirklich an mehreren Orten gleichzeitig sein. Denn der Weihnachtsmann stand nicht nur vor mir, mit seinem langen Mantel und seinem weißen Bart, er stand auch gleichzeitig in der Küchentür, hatte ein Glas Wein in der Hand und schaute verblüfft zu uns ins Zimmer.

Als der Weihnachtsmann sich sah (oder muss man sagen: Als

die Weihnachtsmänner einander sahen?), machten beide kehrt, gingen hastig aus dem Zimmer und klappten die Tür hinter sich zu.

Nach einer Weile kam Papa zurück. Und mit ihm Onkel Robert, der inzwischen auch eingetroffen war.

»Stellt euch vor, ich habe den Weihnachtsmann doppelt gesehen!«, erzählte ich ihnen gleich aufgeregt.

Aber sie gingen gar nicht darauf ein, sondern meinten nur, es sei höchste Zeit, dass wir nach all diesen Aufregungen mit dem Weihnachtsabendessen begännen.

Was sie allerdings mit »Aufregungen« meinten, ist mir nie ganz klargeworden. Denn schließlich waren Papa und Onkel Robert ja gar nicht dabei gewesen, als *ich* diese aufregende Weihnachtsmannverdopplung erlebte!

Urs Widmer
Meine Lieblingsweihnachtsgeschichte

Meine Lieblingsweihnachtsgeschichte ist diese: Mein etwa drei Jahre älterer Onkel Emil (*1901) wurde von Mama und Papa ins Weihnachtszimmer geführt, und da leuchtete der Weihnachtsbaum im prächtigen Schein seiner prächtigen Kerzen, und hinter dem Weihnachtsbaum, tatsächlich, saß das Christkind, höchstpersönlich und in einem weißen Nachthemd. Es hatte blonde Locken und Flügel. Es war wunderschön anzuschauen, unirdisch und strahlend. »Das Christkind, schau!«, hauchte die Mama meines Onkels ergriffen. Mein Onkel Emil sagte: »Aber das ist doch das Fräulein Hürlimann!«, und als die Mama sagte, neinnein, das sei das Christkind höchstpersönlich, wandte er sich an das Christkind höchstpersönlich und sagte: »Aber du bist doch das Fräulein Hürlimann!« Das Christkind starrte meinen Onkel an, sagte »Jo Schisse!« und flog durch das Fenster davon. – Mein Onkel Emil erzählte mir die Geschichte, als ich drei Jahre alt war. Er dachte, ich sei reif dafür.

Eva Ibbotson
Der Große Karpfen Ferdinand

Dies ist eine wahre Geschichte, die Geschichte von einem Weihnachtsfest in Wien in den Jahren vor dem Ersten Weltkrieg.
Und es ist nicht nur eine wahre, sondern auch eine höchst dra-
matische Geschichte, in der es um Liebe geht und um Schwierigkeiten und (wenigstens beinahe) auch um Tod – und das,
obwohl der Held der Geschichte ein Fisch ist.

Natürlich nicht irgendein Fisch, sondern ein mächtiger und
furchterregender Fisch: der Große Karpfen Ferdinand. Und wenn
Sie meinen, die Geschichte sei übertrieben und kein Fisch, so
mächtig er auch sein mag, könne das Leben einer ganzen Familie so tiefgehend erschüttern, dann irren Sie sich. Denn ich kenne die Tatsachen aus erster Hand, nämlich von einer der Beteiligten, der »kleinsten Nichte« in der Geschichte, der, deren
Füße zugegebenermaßen nicht einmal die erste Strebe der riesigen lederbezogenen Esszimmerstühle mit den silbernen Be-
schlägen erreichten, deren Augen aber gut sechs Zentimeter
über die Tischkante schauten, wie sie betont. Sie hat alles gesehen. (Diese kleinste Nichte kam Jahre später nach England und
wurde meine Mutter, und so habe ich die Geschichte bewahrt
und immer wieder auf ihre Korrektheit überprüft.)

Die Rolle, die der Große Karpfen Ferdinand im Leben der Familie Mannhaus zu spielen hatte, war einfach, aber entschei-
dend. Um es rundheraus zu sagen: Er war das Weihnachtsses-
sen. Denn in Wien, wo sie am Heiligen Abend feiern und niemand auch nur im Traum daran denken würde, in der Heiligen
Nacht Fleisch zu essen, schätzen sie nichts so sehr wie einen
kräftig eingelegten, saftig gebratenen Karpfen. Und ehrlich gesagt hat man, bevor man nicht einen frischen Karpfen mit der

Symphonie von Beilagen (saure Sahne, gedünsteter Sellerie, dunkles Pflaumenmus) gekostet hat, kulinarisch gesprochen nicht gelebt.

Aber die Betonung liegt auf dem Wort *frisch*. Und so war die ganze Familie Mannhaus hoch erfreut, als ein dankbarer Klient mit berühmten Fischgründen in Kärnten Onkel Ernst eine Woche vor Weihnachten einen lebenden Zwanzigpfünder überreichte. Onkel Ernst, ein O-beiniger kleiner Mann, dem sein geheucheltes Mitgefühl zu einer florierenden Anwaltskanzlei verholfen hatte, war entzückt. Tante Gerda, seine plumpe und treusorgende Ehefrau, war entzückt. Graziella, ihre liebreizende (und heißgeliebte) Tochter, war ebenso entzückt wie Herr Franz von Rittersberg, Graziellas »Zukünftiger«, der das Essen liebte. Entzückt waren auch Tante Gerdas drei kleine Nichten, die bereits mit ihrer englischen Gouvernante zum Weihnachtsfest im Hause Mannhaus eingetroffen waren, und ebenfalls entzückt die zahllosen armen Verwandten und reichen Paten, die die mütterliche Tante Gerda jeden Heiligen Abend um sich sammelte, um die Kerzen am großen Tannenbaum zu entzünden, Geschenke auszupacken und zu essen – und zwar gebratenen Karpfen.

Den Fisch unterzubringen war kein besonderes Problem. Das Haus in Wien war groß, und die Dienstmädchen, schlichte Mädel vom Lande, die daran gewöhnt waren, sich in Holzzubern abzuschrubben, traten bereitwillig das eigentlich ihnen zugedachte Badezimmer ab.

Hier, in dem riesigen mahagoniverkleideten Badezimmer mit Kupferhähnen von der Größe der Niagarafälle, schwamm der enorme graue Fisch majestätisch hin und her und her und hin und schien nichts von seiner ruhmreichen letzten Bestimmung oder auch von der Pracht um ihn her zu ahnen. Denn dies war kein gewöhnliches Badezimmer. Französische Teerosen – herrliche Blüten in der Größe von Kohlköpfen – schwirrten über die Tapete und wiederholten sich auf der riesigen Waschschüssel aus Porzellan und auch in dem ungeheuren Nachttopf – einem so großzügig bemessenen Gefäß, dass selbst die älteste der kleinen Nichten spurlos darin hätte verschwinden können.

Und hierher kamen die verschiedenen Mitglieder der Familie Mannhaus, um ihn zu besuchen, während es im Paradeschritt auf Weihnachten zuging.

Onkel Ernst kam und zog an seiner langen schwarzen Pfeife mit dem Porzellandeckel. Als unsentimentaler, aber dem guten Essen äußerst zugetaner Mann betrachtete er die letzte Bestimmung des Karpfens als durch und durch angemessen. Und doch, als er dem großen grauen Fisch so in die Augen sah und die sanft schwankenden Barteln bewunderte (die so viel prächtiger waren als sein eigener spärlicher Schnurrbart), fühlte Onkel Ernst deutlich eine Vertrautheit mit diesem einzigen anderen männlichen Wesen in einem ansonsten reinen Frauenhaushalt. Und als er also dort saß und an seiner Pfeife zog und dem vereinzelten Plätschern lauschte, wenn der Karpfen die Wasseroberfläche durchbrach, ließ Onkel Ernst für eine Weile all die Last von seinen Schultern gleiten, die es bedeutete, das Haus in Wien zu unterhalten, die Villa in Baden-Baden, das Chalet am Wörthersee, die etwa ein Dutzend Verwandten von Gerda, die wirklich sehr früh jede Bemühung eingestellt hatten, für sich selbst aufzukommen. Er vergaß sogar den Berg an Rechnungen, die dem Fest folgen würden. Und beinahe, aber nicht ganz, vergaß er sogar diese kleine bohrende Sorge um seine Tochter Graziella.

Auch Tante Gerda stattete dem Karpfen ihre Besuche ab – aber nur kurz, denn mit Weihnachten ging es ihrer Überzeugung nach auch nicht eine Minute ohne sie voran. Sie kam mit Listen behängt, die Stirn in Kopfschmerzfalten gelegt, den Kopf voll schlimmer Befürchtungen. Würde der Baum an die Decke stoßen, oder schlimmer noch: Würde er zu kurz sein? Würde Sacher den Baiser-Schwan mit Eis pünktlich liefern? Sollte man (und das war wirklich ein Problem) die Pfischingers »bedenken«, die *sie* letztes Jahr nicht »bedacht« hatten, aber dafür das Jahr davor? (Ach, dieses furchtbare Jahr, als die Steinhausens im allerletzten Moment noch einen Korb mit kandierten Früchten geschickt hatten und alle Geschäfte schon geschlossen waren, so dass sie schließlich den Azaleentopf, den die Hellers geschickt hatten, hatte neu einwickeln und an die Steinhausens schicken müssen – um sich die ganze restliche Weihnachtszeit über zu fragen, ob sie auch das Kärtchen abgenommen hatte!)

Während sie sich über den Fisch beugte, dachte Tante Gerda über die Sauce nach. Auch hier gab es Grund zu Bedenken. Sellerie, ja, Zitrone, ja, Zwiebeln, ja, Pfefferkörner, Ingwer, Mandeln, Walnüsse – alles gar keine Frage. Geriebener Honigkuchen, natürlich, Thymian, Lorbeer, Paprika und Pflaumenmus. Aber nun hatte ihre Schwester in einem Brief aus Linz Muskatblüte vorgeschlagen. Diese Idee war neu, geradezu revolutionär. Der Mannhauser Karpfen, ohne Muskatblüte, war ein gastronomisches Stadtgespräch in Wien. Man musste auch an die Gefühle der Köchin denken. Andererseits … selbst Sacher höchstpersönlich scheute sich nicht, ein altbewährtes Rezept abzuwandeln.

Die Gleichgültigkeit des Karpfens gegenüber seinem kulinarischen Drumherum war irgendwie beruhigend. Sie schloss für eine Sekunde die Augen und hatte ganz plötzlich die flüchtige Ahnung, dass Weihnachten *hinter* alldem lag, wenn sie es nur erreichen könnte. Wenn sie nur sicher sein könnte, dass es Graziella gutging. Und nun seufzte sie, denn sie hatte nie vorgehabt, irgendjemanden so sehr zu lieben, wie sie ihre einzige Tochter liebte.

Auch Franz von Rittersberg kam, um den Karpfen anzuschauen. Der Besuch des goldhaarigen, blauäugigen, strahlenden jungen Mannes, Erbe einer Kohlenmine in Schlesien, hatte ausschließlich etwas mit Arithmetik zu tun. Er maß den Karpfen im Geiste ab, teilte ihn durch die Anzahl der zu erwartenden Tischgäste, beschloss für sich, dass seine Portion als zukünftiger Schwiegersohn der Mannhausens sicher aus der breiteren Mittelpartie genommen werden würde – und ging zufrieden wieder fort.

Und die kleinen Nichten, die der englischen Gouvernante entwischt waren, kamen auch; kichernd und herumtrippelnd wie Mäuschen, mit weißen Strümpfen und braunen Schuhen, die Hinterteile allerliebst mit mehreren Lagen von Unterröcken ausgepolstert, und jede eine gestohlene Semmel fest in der Hand.

»Ferdinand«, flüsterte die Jüngste verzückt und balancierte dabei auf dem umgestülpten rosenverzierten Nachttopf. Ihre Schwestern, die auch ohne Hilfsmittel über den Badewannenrand lugen konnten, standen mit ernster Miene dabei und krümelten Brot ins Wasser. Der Fisch war ein Wunder – eines, das sich nicht um sie scherte, aber doch ihres. Ein *wahres Wunder*.

(Abends, jeden Abend, wenn das Kindermädchen sie allein ließ, kamen sie unter ihren Federbetten hervorgepurzelt und reihten sich zum immer gleichen Gebet auf. »Lieber Gott, mach, dass sie uns etwas Lebendiges zu Weihnachten schenken«, beteten sie Abend für Abend für Abend.)

Aber Graziella, die Tochter des Hauses, kam am häufigsten. Da hockte sie dann neben der Wanne, die schwärzlichen Locken im heftigen Wettstreit mit den Kohlrosen an der Wand, und sah mit dunklen, mitleidigen Augen auf den Fisch hinunter.

Aber obwohl sie bei weitem die Lieblichste von allen seinen Besuchern war, behandelte Ferdinand sie äußerst unzivilisiert. Schlicht gesagt: Er ignorierte sie. Karpfen sind schließlich Süßwasserfische, und es war ihm nicht entgangen, dass die Tropfen, die auf ihn herunterfielen, wenn sie da war, bedauernswert viel Salz enthielten.

Die Götter hatten es wahrlich gut mit diesem Mädchen gemeint – sie war liebevoll und geliebt, freundlich und heiter, und vor ihr lag eine rosige Zukunft als Frau Franz von Rittersberg. Dennoch schien sie mit jedem Tag ein wenig dünner und blasser zu werden, und in ihren Augen stand ein immer größer werdendes Entsetzen. Denn wenn man sich sein Leben lang daran gewöhnt hat, immer nur zu geben und zu geben, wacht man vielleicht eines Tages auf und stellt fest, dass man – sich selbst hergegeben hat. Und dann verbringt man, so man kein Heiliger ist (und vielleicht sogar auch, wenn man einer ist), die Nächte elendiglich unter seinem Kissen versteckt und leckt sich die dummen Tränen fort.

Und so zogen sich die Tage langsam dahin, immer auf ihren Höhepunkt zu – den Heiligen Abend. Es schneite, der Baum kam, auf dem Adventskranz wurde die letzte Kerze angezündet. Die jüngste Nichte fiel in Ungnade, weil sie den Schornstein vom Pfefferkuchenhaus naschte. Immer hektischer wurden Geschenkkörbe hin und her getauscht. Die Pfischingers, die immer noch nichts geschickt hatten, schlichen sich schon in Tante Gerdas Träume …

Am Morgen des Dreiundzwanzigsten kamen Onkel Ernst und sein zukünftiger Schwiegersohn zusammen, um die Opferriten über dem Großen Karpfen Ferdinand zu vollziehen. Die kleinen Nichten hatte man in Mäntel und Strumpfhosen gesteckt und in den Prater verfrachtet. Graziella, die man als zartbesaitet kannte, war zu Rumpelmayers geschickt worden, um etwas zu besorgen. Und nun stand die Köchin mit einem riesigen Bräter aus Steingut am Fuß der Treppe – zu ihrer Linken die Dienstmädchen, rechts das Küchenpersonal. Auf dem Treppenabsatz weiter oben legte Tante Gerda ihren Männern die Waffen an – ein Küchenmesser mit langer Klinge, einen sieben Pfund schweren Hammer, ein altes, leicht angerostetes Schwert aus der kaiserlichen Armee, das einmal nach einer Abendgesellschaft zurückgeblieben war …

Im Badezimmer sah Onkel Ernst den Fisch an, und der Fisch sah Onkel Ernst an. Ein vages Gefühl, nur der Hauch einer Vorahnung befiel Onkel Ernst, dessen Eingeweide einen leisen Hüpfer zu vollführen schienen.

»Du scheuchst ihn hier herüber«, befahl Franz mit ungeheurer Nonchalance. »Und dann, wenn er am Fußende ist, schlage ich zu.«

Onkel Ernst scheuchte. Der Karpfen schwamm. Franz schwenkte den Hammer über dem Kopf und – schlug zu.

Der Krach war ohrenbetäubend. Emaillesplitter flogen durch die Luft.

»Auauaua, mein Auge, mein *Auge*«, schrie Franz und ließ den Hammer fallen. »Ich habe einen Splitter im Auge. Hol ihn RAUS!«

»Ja«, sagte Onkel Ernst. »Ja …«

Er legte das Schwert aus der kaiserlichen Armee ab und kletterte vorsichtig auf den Badewannenrand. Selbst da war er erst so gerade eben auf gleicher Höhe mit Franzens tränendem blauen Auge. Blind, wie er war, streckte Franz den Kopf vor. Der Rest war unausweichlich. Respektable Wiener Anwälte in mittleren Jahren sind keine Akrobaten. Sie geben auch nicht vor, welche zu sein. Der Karpfen schwamm gemächlich zwischen den Falten von Onkel Ernstens Hose herum und stellte wie erwartet fest, dass dort nichts auch nur annähernd Essbares zu finden war.

Kurz nach dem Mittagessen ward Onkel Ernst, der inzwischen wieder trocken und in seine englischen Knickerbocker gewandet war, allmählich eine Eingebung zuteil.

Im Grunde war es doch so einfach. Das ganze raue Schlagen und Zupacken war gar nicht nötig. Man ging einfach nach oben; man zog den Stöpsel; man ging hinaus und schloss die Tür hinter sich. Und dann wartete man …

Wenige Minuten später war Onkel Ernst völlig gelassen wieder zurück in seinem Arbeitszimmer. Nicht nur hielt er die Zeitung richtig herum, er *las* sie praktisch auch.

Im Hause war es still. Franz war nach ausführlichster Bemutterung durch die Damen des Hauses heimgegangen. Die kleinen Nichten hielten ihren Mittagsschlaf. Das Arbeitszimmer hatte ohnehin stoffbezogene Doppeltüren. Selbst *wenn* es irgendein Klatschen gab – wie es etwa ein im Todeskampf zappelnder Fisch verursachen würde –, Onkel Ernst würde es nicht hören.

Was er allerdings wenig später hörte, war ein Schrei. Ein wirklich beängstigender Schrei, äußerst virtuos, und er hatte keinerlei Mühe, ihn dem zweiten Hausmädchen zuzuschreiben, dessen Bruder der Jodelkönig von Schruns war. Ein zweiter Schrei gesellte sich dazu und dann ein dritter. Onkel Ernst stürzte in den Flur hinaus.

Sein erster Eindruck war, dass der Flur voller Menschen war. Der zweite, dass er nass war. Beides erwies sich als korrekt.

Graziella war damit beschäftigt, Tante Gerda zu beruhigen, die zitterte und kurz vor einem Nervenzusammenbruch stand. Die englische Gouvernante hatte, ehrfurchtgebietend wie alle Vertreterinnen ihrer Zunft, bereits Eimer und Wischlappen geordert und sich in die Bresche geworfen. Die Hausmädchen wischten und jammerten und rubbelten – und immer noch kam das Wasser stetig die Treppe heruntergeflossen, vorbei an den geschnitzten Putten auf dem Geländer, und verwandelte den Perserteppich in Brei.

Als man schließlich dazu kam, nach dem Verursacher zu fragen, war die Antwort eigentlich nur noch eine Formalität, da die Schuldigen freimütig alles zugaben. Da standen sie, die kleinen Nichten, blass und zitternd und verängstigt – und dennoch sahen sie nicht wirklich zerknirscht aus. Ja, sie hatten es getan. Ja, sie hatten den Schlüssel hinter der Uhr hervorgeholt, die Badezimmertür aufgeschlossen, den Hahn aufgedreht ...

Schweigend und gottergeben warteten sie auf ihre Bestrafung. Nur das plötzlich herunterrutschende Hosenbein der Jüngsten verriet eine schier unerträgliche Spannung.

Graziella rettete sie, wie sie immer alles rettete.

»Bitte, Mutti? Bitte, Vati? ... So kurz vor Weihnachten?«

Es schlug Mitternacht. In der Mannhaus-Villa herrschte endlich Stille. Die kleinen Nichten, nachdem sie ihr Abendgebet absolviert hatten, waren erschöpft eingeschlafen. Tante Gerda stöhnte im Schlaf, sie träumte, die Pfischingers hätten einen riesigen Korb voller Sauce geschickt.

Da öffnete sich eine Tür, und Onkel Ernst kam auf leisen Sohlen im Schlafanzug aus dem Rauchsalon geschlichen. Er hatte eine enorme Flinte in der Hand – eine furchtbare, an die dreißig Jahre alte Waffe aus dem Besitz seines Vaters – und im Herzen einen Blutdurst, der ebenso heftig war wie unerwartet.

Erbarmungslos stieg er die Treppe hinauf; erbarmungslos betrat er das Badezimmer und drehte hinter sich den Schlüssel um. Und erbarmungslos trat er drei Schritte zurück, visierte die Wanne an – und schoss.

Graziella, die in diesen Tagen regelmäßig nachts wachlag, kam als Erste bei ihm an.

»Ist alles in Ordnung mit dir, Papa? Alles in Ordnung?«

Doch hinter der verschlossenen Tür erhob sich nur ein erneutes schreckliches Wehklagen. Tante Gerda kam mit wippendem grauen Zopf herbeigeeilt. »Ernst, Ernst«, flehte sie und hämmerte gegen die Tür. Es war hoffnungslos.

»Ruft den Doktor an, die Feuerwehr. Schickt nach Franz, schnell«, befahl Gerda. »Ein Mann – wir brauchen einen Mann.«

Die Gouvernante stürzte zum Telefon. Aber Graziella in ihrer Verzweiflung warf sich den Pelzumhang über das Nachthemd und lief auf die Straße hinaus.

Und so kam es, dass das Leben von Sebastian Haffner binnen einer halben Minute ganz und gar auf den Kopf gestellt wurde. In der einen Minute war er noch frei wie der Wind und unbeschwert, ein junger Mann, der nur für seine Forschungen an der Universität lebte – und nur Sekunden später war er gefesselt, voller grenzenloser Leidenschaft, bereit, Berge zu erklimmen, gegen Drachen zu kämpfen und eine gigantische Hypothek auf ein Haus aufzunehmen. Und das aus keinem anderen Grund, als dass Graziella, die blind die Stufen hinunter auf die beleuchtete Straße gestürzt kam, ihm direkt in die Arme lief.

Für den Bruchteil einer Sekunde blieb die Umarmung, in der Sebastian das zitternde Mädchen hielt, väterlich und beschützend. Dann schlossen sich seine Arme fester um sie, und er wurde nicht mehr väterlich – ganz und gar nicht väterlich. Und Graziella sah mit Schneeflocken im Haar zu dem dunklen, sanften Gesicht dieses Fremden auf und konnte nicht – konnte einfach nicht fortsehen.

Dann besann sie sich und machte sich los. »Oh, bitte, kommen Sie«, stotterte sie und zog Sebastian bei der Hand. »Schnell. Es ist mein Vater … Der Karpfen hat ihn erschossen.«

Sebastian sortierte seine Träume sofort um. Er würde sie regelmäßig in der Anstalt besuchen, ihr Blumen mitbringen und vorlesen. Und ganz langsam würde sie geheilt werden, durch seine ergebene Liebe.

»Beeilen Sie sich. Bitte. Bitte. Er hat so gestöhnt.«

»Der Karpfen?«, versuchte es Sebastian und rannte mit ihr die Stufen hinauf.

»Mein Vater. Oh, *kommen* Sie.«

Die Hausmädchen standen klagend am Fußende der Treppe. Tante Gerda schluchzte auf dem Treppenabsatz.

Sebastian war überwältigend. Binnen Sekunden hatte er einen geschnitzten Eichenstuhl ergriffen und begann auf die Tür einzuschlagen. Die große Tür ging recht schnell zu Bruch und fiel heraus. Sebastian dicht auf den Fersen, strömten alle ins Badezimmer.

Onkel Ernst saß aufrecht gegen die Badewanne gelehnt und stöhnte und fluchte abwechselnd, die Hand auf der blutüberströmten Schulter. Um ihn verstreut lagen rosenverzierte Porzellanscherben und das Glas eines Spiegels, den die von allen Wänden des Bades zurückprallenden und Onkel Ernsts Schulter streifenden Schrotkugeln schließlich zersplittert hatten. Der Karpfen, der sich unter die Wasserhähne verzogen hatte, schien zu schlafen.

»Ernst«, kreischte Tante Gerda und fiel neben ihm auf die Knie.

»Binden, Schere, Verbandsmull«, befahl Sebastian, und Graziella stob davon wie der Wind.

Es war nur eine Fleischwunde, und Sebastian, o Wunder aller Wunder, war ein Doktor, wenn auch einer von denen, die in einem Laboratorium arbeiten. Schon bald lag Onkel Ernst, unzweifelhaft der Held der Stunde, auf einem Sofa und schlürfte tapfer an einem Cognac mit Eigelb und Vanille, Erdbeerlikör *und* Kirschwasser. Der Hausarzt kam, lobte Sebastian für seine hervorragende Arbeit und blieb ebenfalls auf einen Cognac. Die Feuerwehr, die in der Küche einmarschierte, zog Slibowitz vor.

Und oben standen vergessen Graziella und Sebastian und hatten nur Augen füreinander.

Das ist es also, dachte Graziella, dass man singen und tanzen und laut herausschreien möchte und sich doch so voller Demut fühlt und so *gut*. Das war es, was sie nie gefühlt hatte, so dass sie sich beinahe Franz hingeworfen hätte, wie man einem Hund einen Knochen vorwirft, damit er aufhört zu knurren … Wie ein Echo zu ihren Gedanken schrillte in diesem Moment die Hausglocke, und Franz von Rittersberg wurde eingelassen. Sein Auge war immer noch geschwollen und er selbst nicht eben bester Laune.

»Dieses Haus wird langsam zu einer Irrenanstalt«, sagte er, während er die Treppe hinauflief. »Weißt du, wie spät es ist?«

Graziella wusste es nicht. Die Zeit war stehengeblieben, als sie Sebastian in die Arme gelaufen war. Es würden Jahre vergehen, bevor sie sie wieder gänzlich einholte.

»Dann lasst uns um Himmels willen diesen vermaledeiten Fisch umbringen und wieder ins Bett gehen«, sagte er, zog den Mantel aus und holte ein Messer und eine Flasche mit Glasstopfen hervor. »Ich habe Chloroform mitgebracht.«

»Nein!«

Graziellas Stimme klang so durchdringend, dass beide Männer erschraken. »In England, wenn da jemand gehängt wird, und es klappt nicht … also, wenn das Seil reißt, dann lässt man ihn am Leben.«

»Herrgott noch mal, Graziella, jetzt mach uns nicht wahnsinnig«, giftete Franz. »Was zum Teufel sollen wir dann morgen essen?«

Er stolzierte ins Badezimmer. »Sie können mir helfen«, rief er über die Schulter Sebastian zu, der still auf dem halberleuchteten Treppenabsatz gestanden hatte. »Ich ziehe den Stöpsel raus und schütte ihm dies Zeug über. Dann schlagen Sie seinen Kopf gegen den Wannenrand.«

»Nein«, Sebastian trat ins Licht. »Wenn Fräulein … wenn Graziella nicht will, dass dieser Fisch getötet wird, dann wird dieser Fisch nicht getötet.«

Franz stellte seine Flasche ab. In seiner Wange zuckte ein Muskel. »Sie … Sie … Für wen halten Sie sich eigentlich, dass Sie sich einfach hier reindrängen und mir sagen, was ich zu tun und zu lassen habe?«

Wenn man bedenkt, dass beide beteiligten Herren aus einer guten Familie stammten, war der folgende Kampf eine außerordentlich schmutzige Angelegenheit. Die Queensberry-Regeln, auf dem Kontinent durchaus bekannt, hätten ebenso gut gar nicht existieren können. In gewisser Weise war das Ergebnis natürlich unvermeidlich, denn Franz wurde nur von Hass und Gier nach seinem Weihnachtsessen angetrieben, während Sebastian aus Liebe kämpfte. Aber obwohl sie nicht im Mindesten an Sebastians Sieg zweifelte, besprenkelte Graziella frohen Mutes ein Badehandtuch mit Chloroform und sorgte für absolute Sicherheit.

Der Tag brach an. Die Glocken am Stephansdom läuteten die Geburt Christi ein.

In der Mannhaus-Villa schlief Graziella, lächelte und schlief weiter. Onkel Ernst, auf sieben Daunenkissen gebettet, öffnete ein Auge, dachte zufrieden, dass heute niemand etwas von ihm wollen konnte – kein Tranchieren, kein Herumgewackel auf Trittleitern, kein Kerzenanzünden –, und machte das Auge wieder zu.

In der Küche aber schauten Tante Gerda und die Köchin bei ihrer Rückkehr von der Messe Unglück und Schande ins Auge. Alles war bereit – die gehackten Kräuter (die Köchin hatte tapfer der Muskatblüte zugestimmt), der Wein, die Sahne, die Zitrone ... und oben schwamm mit kräftigen Zügen der Hauptbestandteil, die *raison d'être* vieler Tage der Planung und Berechnung, der doch schon seit Stunden in seiner Marinade hätte schwimmen sollen.

Und als wäre es nicht genug, kam, als sie sich gerade zum Frühstück niederließen, die Nachricht von Franz. Er war immer noch unpässlich und würde nicht zum Abendessen zu ihnen kommen. Es dauerte eine geschlagene Minute, bis die ganze Tragweite dieser Nachricht zu Tante Gerda durchgedrungen war. Als es so weit war, ließ sie den Kopf hängen und stöhnte: »Dreizehn! Wir werden dreizehn Personen zum Abendessen sein! Du lieber Himmel! Großtante Wilhelmina wird das niemals dulden!«

Aber das Schicksal war noch nicht fertig mit Tante Gerda. Die Frühstücksteller waren noch kaum abgeräumt, als es an der Hintertür klingelte und das Mädchen unter einem gewaltigen Korb ächzend wieder hereinkam.

»O nein ... NEIN!«, kreischte Tante Gerda.

Und nun war er da, der Moment, dem all die vergangenen Wochen zur Vorbereitung gedient hatten. Es war früher Abend, die kleinen Nichten brodelten und kochten in ihren Unterröcken, gescheucht von Kindermädchen mit Lockenscheren und Schleifen. Im »Weihnachtszimmer« kletterte Tante Gerda unter den wohlwollenden Blicken Onkel Ernstens die Trittleiter hinauf und wieder runter, um die Kerzen zu überprüfen, den Wassereimer und ob der Silberstern richtig saß. Murmelnd und mit der Zunge schnalzend, wieselte sie von einem zum nächsten Geschenkehaufen, die sie auf dem riesigen weißen Tuch unter dem Baum verteilt hatte. Graziellas junger Arzt, den man in seinem Laboratorium erreicht hatte, hatte die Einladung zum Abendessen angenommen, damit sie nicht dreizehn wären. Irgendwie hatte er sogar Geschenke für die kleinen Nichten aufgetrieben – drei winzige Holzkästchen, die Tante Gerda nun ihren Haufen hinzufügte.

Und nun waren alle Kerzen entzündet, und sie läutete die Schweizer Kuhglocke mit dem hübschen Ton, das Zeichen, dass alle hereinkommen durften.

Obwohl sie vor der Tür gekauert und gedrängelt hatten, kamen die kleinen Nichten, als sie geöffnet wurde, nur langsam, ganz langsam herein, und die Kerzen am Baum leuchteten in ihren Augen. Hinter ihnen kam Graziella, den Kopf zu dem glitzernden Stern hin geneigt, und neben ihr der junge Doktor, der ihr nur eine einzelne Rose geschenkt hatte.

Und plötzlich waren Tante Gerdas Kopfschmerzen verflogen, und sie weinte ein bisschen und wusste doch wieder einmal, dass das, wofür sie sich die ganze Zeit angestrengt hatte, da war. Weihnachten.

Man sollte meinen, das wäre nun das Ende der Geschichte, nicht wahr? Aber meine Mutter, die sie mir Jahre später erzählte, fuhr gerne noch ein ganz klein wenig damit fort. Bis zu dem Moment, in dem die kleinen Nichten, die höflich einen Berg kostspieliger Nichtigkeiten ausgepackt hatten, plötzlich in Schreie höchsten Entzückens und Erfüllung ausbrachen. Denn als sie Sebastians Kästchen öffneten, fand eine jede darin eine winzige rotäugige *lebendige* Maus.

Oder noch ein wenig weiter. Zur Familie, die um den Tisch sitzt – Damast, Kristallkelche, tiefrote Rosen in einer Vase. Zu den kleinen Nichten (die Jüngste bedenklich auf ihrem Kissenberg wackelnd), deren Taschen im Unterkleid je eine schläfrige, heimlich hineingeschmuggelte Maus wölbte. Zu Onkel Ernst, so eindrucksvoll in seinen Bandagen, und Graziella und Sebastian, die glühten gleich Kometen ... Zu den sich plötzlich versteifenden, weiß hervortretenden Fingergelenken um die schweren Löffel, als Tante Gerda die riesige silberne Servierplatte hereintrug.

Und dem erleichterten Aufatmen und dem Ausdruck bewundernder Gier, als sie sie absetzte. Mit Eiern verziert und von Essiggurken übersät, die durchsichtigen Tiefen von exotischen Fischen und winzigen juwelenbesetzten Gemüsen glitzernd, wackelte das gefeierte Gericht ganz sanft vor ihren Augen: Flussneunaugen in Aspik! O ja – die Pfischingers hatten getreulich an sie gedacht.

Als die kleinste Nichte erwachsen und meine Mutter geworden war, schloss sie ihre Geschichte am liebsten an dieser Stelle. Aber ich bekniete sie jedes Mal, noch ein bisschen fortzufahren. Bis zu dem Tag nach Weihnachten. Zum Haus der Pfischingers am anderen Ende von Wien. Zu Herrn Doktor Pfischinger, einem kleinen, kahlen, milde gestimmten Mann, der die Treppe zu seinem Badezimmer emporsteigt. Er hält ein Messer mit langer Klinge in der Hand, einen Hammer, eine *Donnerbüchse* ...

Alexander Kluge
Unübersichtliche Lage zu Heiligabend

Er war gerufen worden; andere Ärzte standen wegen der späten Stunde des Feiertages nicht zur Verfügung.

Im Kreiskrankenhaus eine Notbesetzung, Abweisung des Falles. DAS KIND LAG MIT KOPF UND GESICHT OBERHALB DES BECKENEINGANGS. Die Wehen verstärkten den Druck, nichts orientierte das Lebewesen nach unten, zu unserer Wirklichkeit hin. Der Kopf des Kindes presste sich gegen die Knochenstruktur der Mutter. In solchem Fall hilft nur die HOHE ZANGE. Die war (nicht mehr heute, wo generell Kaiserschnitt gilt, sondern zur Zeit jenes Geburtshelfers und Arztes) eine Eisenkonstruktion, die das empfindliche Kopfende des Kindes von beiden Seiten umfasst, also »schient«, und unter Beachtung der Empfindlichkeit dieses Köpfchens einen »sanften, jedoch eisernen Zwang« ausübt, die aussichtslose Position in eine aussichtsreiche umzuwandeln. »Ohne Gewalt«, d. h., der Arzt muss den Drehpunkt finden. Der Winzling, der nichts davon weiß, wie er geborenwerden soll, braucht Führung. Derweilen darf er nicht ersticken. 7000 Teile hat ein solches »Ich« des regierenden Arztes; fast horcht er, während er fühlt, und dies mit Hilfe des Eisenstücks. In den Vorstunden zum Heiligabend hat er vier Schnäpse konsumiert; das machte manche seiner Nerven träge. Dann aber hat die Alarmierung seine Kräfte enerviert.

Die Gefährlichkeit des Eingriffs, von der er weiß, ist eine Droge. Während er das »junge Ding«, eine Eiweißmasse von Milliarden Jahre alter Struktur, aber empfindlich gegen jede Gegenwart, millimeterweise in den Geburtskanal bugsiert, ähnlich einem Schiffsführer in der Antike, perlt ihm der Schweiß von der Stirn. Er ist erregt. Er hindert die Erregung, auf Hand und Armgelenk überzugreifen. Auf seinem Armgelenk nämlich reitet jetzt das Kind, das er in Richtung des Ausgangs führt; die Beinchen schon seitlich außen. Zwei Finger seiner Hand halten den Nacken, einer steckt im Mund des Lebewesens. Er bringt dieses hoffnungsreiche Geschöpf ans Licht.

Die Hebamme, die, wie ein Hirte auf dem Felde, mit Tüchern und Heißwasser im Umkreis gewartet hat, ergreift das Bündel, hält es senkrecht, erzwingt den Schrei. Kindspech tropft. Nun, nach gelungener Geburt, kann man die Gratulationen austauschen. Ein Weihnachtsstollen steht bereit. Den nimmt der Arzt verpackt mit nach Hause. Er muss etwas mitbringen, um dort zu trösten, kommt deutlich zu spät zur Feier. Das Kind liegt gewickelt in warmer Decke. Die Mutter erschöpft. Ein Grog wird ihr nicht schaden. Jetzt fährt er nach Hause, schon ist er blau. Kein Hindernis, kein gegnerisches Fahrzeug. Frohe Weihnacht!

Gerald Zschorsch
Wegen etwas sterben …

Wegen etwas sterben. Das hieße doch, mit etwas gehen. Durch die letzte Tür. Dazu hatte ich keine Lust. Am 24. Dezember 1974, als ich um 12 Uhr durch das Lagertor trat, wollte ich nicht sterben. Ich wollte und sollte leben. Gießen. Der letzte Transport mit Gefangenen in diesem Jahr war am 18. Dezember von Karl-Marx-Stadt aus im Sammellager Gießen/Hessen eingetroffen. Zuvor waren die 45 Häftlinge, Männer und Frauen, aus verschiedenen Strafanstalten der DDR gesammelt worden, um sie in der Staatssicherheitsstrafanstalt Kaßberg, Karl-Marx-Stadt, zu bündeln. Von da aus dann die Reise mit dem Bus in die andere Welt. Weihnachten stand vor der Tür, und das Notaufnahmeverfahren in Gießen, für solche Ladungen, dauerte in der Regel zwei bis drei Wochen. Um sie zu registrieren und sie dann in Städte ihrer Wahl zu entlassen. Diesmal war aber nur 7 Tage Zeit; bis zum Weihnachtsfest, und deshalb beschloss der Leiter des Lagers, das Notaufnahmeverfahren zu verkürzen. Weihnachten sollte das Lager leer und die ehemaligen Gefangenen der DDR bei ihren Familien oder Freunden in Westdeutschland sein. Von morgens 8 Uhr bis mittags 12 Uhr wurde an diesem 24. Dezember 1974 aus dem Lager heraus entlassen. Um 12 Uhr sollte das Lager leer sein und somit das Transportjahr 1974 um. Ich trat Punkt 12 Uhr mittags alleine und als Letzter durch das Tor. Tat zwei Schritte auf der Straße nach vorn und war sofort tot. Das Letzte, was ich dachte, war: »Wenn der Wille schwänzt.« Dann ein Stoß und Nacht. Ohne Schmerz, ohne Geräusch, ohne meine Beteiligung. Einfach tot.
Ich sah plötzlich vor mir die innerdeutsche Grenze; sah Cottbus und Gräfentonna. Das Gefängniskrankenhaus Meusdorf

und den Otto-Grotewohl-Express. Den Leipziger Hauptbahn-
hof und Gotha in Thüringen. Auch sah ich die unterirdischen
Zellen, die Wolfsschlucht und sah die Hunde an ihrem Laufseil.
Ich sah vieles, und fast sah ich alles. Nämlich auch meine Zeit
in Elsterberg und in Plauen. Hörte den sächsischen Dialekt, der
mich schon damals anwiderte; auch bei mir selbst. Und ich sah
die Sächsinnen; die schönsten Mädchen und Frauen Deutsch-
lands, bei der Arbeit. Sah dieses östliche Mittelgebirge und
spürte die Wärme und die Kälte der Jahreszeiten. So um die
30 Grad. Deutsch Sibirien, ging es mir durch den Kopf. Sah
die Kinderstaudämme, die ich an der Weißen Elster baute, und
die Gewehrmunition des letzten Krieges in meinen Händen,
die der Fluss mitspülte. Ich sah die Auen und hörte den Wind;
den voigtländischen Wind und seine Melodie: »Bis hierhin
und nicht weiter.« Verstand diese Rasse aus Thüringern, Sach-
sen, Franken, Oberpfälzern und Slawen. Und Slawengemisch:
Tschechen – Böhmen und Mähren. Hörte den Klang des erz-
gebirgischen Granits und schmeckte die radiumhaltigen Wasser aus Bad Elster, Bad Brambach, Alexanderbad auf der Zunge.
Karlsbad und Marienbad. Mit den Schlitten über die Höhen
und auf der anderen Seite, diese hintereinandergebunden, im
Bob, wieder runter. Und spürte das Nägeln an den vor Kälte er-
starrten Händen, wenn diese wieder warm wurden. All das war
in mir und vielleicht noch anderes. Nur: ich war tot und lag auf
einer westdeutschen Straße bei einem Güterbahnhof in Mittel-
hessen. Mittags kurz nach zwölf. Am 24. Dezember 1974. In
meinen Hosentaschen waren zwei Zettel. Auf dem einen stand:
Entlassen aus der Gefangenschaft der DDR; auf dem anderen:
Das Notaufnahmeverfahren in der BRD ist abgeschlossen. Der
Inhaber dieses Papiers ist Bürger der Bundesrepublik Deutsch-
land. Nicht mehr. Zwei Zettel und ein 50-Mark-Schein. Ich wusste nicht, wohin ich gehen wollte und sollte, und auch nicht, wie

viel 50 Mark sind. Und deshalb starb ich. Nein, deshalb starb ich nicht. Ein Auto, welches ich nicht gesehen hatte, fuhr mich um. Nahm mich auf die Motorhaube, aufs Dach. Ich rutschte weiter auf den Kofferraum, über die hintere Stoßstange und fiel auf die Straße; mit dem Gesicht nach oben. Nacht war und ich bewusstlos. Da hörte ich etwas; eine Stimme. Eine Mädchenstimme, die beständig immer nur einen Satz sagte: »Bitte, bitte, sei nicht tot.« Ich öffnete die Augen und sah über mir ein Mädchengesicht. Von kastanienbraunen Haaren eingerahmt und mit grünen Augen. Sehr weißen Zähnen und einem verblüfften Ausdruck. »Bitte, bitte, sei nicht tot«, sprach ein leichtrot geschminkter Mund, und Tränen traten vor die Augen. »Du lebst«, sagte die Stimme und reichte mir eine Hand. »Ich heiße Eva. Und wie heißt du? Wo bist du denn auf einmal hergekommen? Ich habe dich nicht gesehen. Wollte eine Abkürzung über den Güterbahnhof nehmen. Meine letzte Tour. Die letzte Auslieferung. Ich fahre nebenbei Bücher aus und studiere hier in Gießen Jura. Und komme aus Witten an der Ruhr. Deshalb war ich auch in Eile. Denn nach meiner letzten Buchhandlung fahre ich nach Hause, nach Witten, zu meinen Eltern. Morgen ist doch Weihnachten.« »Ja«, sagte ich. Die Hand nehmend, stand ich vom Boden auf. »Morgen ist Weihnachten, und ich habe Geburtstag. Ich werde 23 Jahre alt. Mein Name war: Nummer 75181124.«

Weihnachtszauber

Carson McCullers

Weihnachtszauber

An meinem fünften Weihnachtsfest, als wir noch in der Stadt in dem alten Georgia-Haus wohnten, war ich gerade vom Scharlach genesen. An jenem Weihnachtstag überwand ich eine Rivalität, die – genau wie die Krankheit – mein kränkelndes Herz angegriffen und versehrt hatte. Diese Rivalität, die sich in Liebe verwandelte, stand im Schatten meiner Entdeckung, dass Santa Claus und Jesus nicht die Leute waren, für die ich sie gehalten hatte.

Der Scharlach kam zuerst. Im November wurden mein Bruder Budge und ich im Hofzimmer isoliert; wir schleppten uns sechs Wochen lang so hin, versehen mit Thermometern, Süppchen, Alkoholabreibungen und Rosa Henderson. Rosa war die Pflegerin, die für uns sorgte, weil Mutter mich wegen meiner verhassten Rivalin, dem neuen Schwesterchen, verlassen hatte. Mutter pflegte die Tür halb zu öffnen und, ehe sie die Tür wieder schloss, Rosa die Geschenke zu reichen und ein paar Worte zu rufen. Das neue Baby brachte sie nicht mit, und darüber war ich froh. Es kamen viele Geschenke, und Rosa legte sie alle in eine große Seifenkiste, die zwischen den Betten stand. Spiele und Plastilin, Tuschkästen und Scheren zum Ausschneiden und mechanische Spielsachen waren dabei.

Budge war viel jünger als ich. Er war zu klein, um richtig zu zählen, um Parcheesie zu spielen oder sich abzuwischen. Er konnte nur eingedellte Kugeln modellieren und leichte, große Sachen ausschneiden, wie die Zeitschriftenbilder von Santa Claus, und weil es so schwierig für ihn war, hatte er immer die Zunge im Mundwinkel. Ich schnitt die schweren Sachen und die Papierpuppen aus. Wenn er Harmonika spielte, quietschte es erbärmlich. Ich konnte Dixie und Weihnachtslieder spielen.

Wenn es dunkel wurde, las Rosa uns etwas vor. Sie las aus *Child Life* oder Märchenbüchern oder aus einer Zeitschrift: *Wahre Bekenntnisse.* Ihre sanfte, stammelnde Stimme stieg und fiel durch das stille Zimmer, während der Flammenschein golden und grau über die Wände zuckte. Um diese Stunde war nichts anderes da als das Wechselspiel ihrer Negerstimme und das Wechselspiel des Flammenscheins auf den Wänden. Ausgenommen, wenn mal das Baby weinte und mir zumute war, als fräße ein Wurm an mir; dann spielte ich Harmonika, um das Geräusch zu übertönen.

Es war im Spätherbst, als die Quarantäne begann, und durch das geschlossene Fenster konnten wir sehen, wie die Herbstblätter durch den blauen Himmel und Sonnenschein fielen. Wir sangen:

»Kommt, kleine Blätter, sagte der Wind, kommt mit auf die Wiese und spielt geschwind!«

Eines Morgens hatte dann plötzlich der Raureif das Gras und die Dächer versilbert. Rosa sagte, dass es bis Weihnachten nicht mehr lange hin sei.

»Wie lange?«

»Ungefähr so lange wie die Zelluloid-Kette, glaub ich.« Gegen Ende der Quarantäne hatten wir aus vielen bunten Farben eine Zelluloid-Kette gemacht. Ich grübelte über die Antwort nach, und Budge dachte auch nach und steckte die Zunge in den Mundwinkel. Rosa fuhr fort: »Weihnachten ist am fünfundzwanzigsten Dezember – ich will gleich mal die Tage zählen. Wenn ihr hinhorcht, könnt ihr die Rentiere hören, wie sie vom Nordpol angaloppiert kommen. Es dauert nicht mehr lange.«

»Können wir dann aus dem dummen Zimmer raus?«

»Das hoff ich bei Gott!«

Ein schrecklicher Gedanke überfiel mich. »Gibt's auch Leute, die zu Weihnachten krank sind?«

»Ja, Baby.«

Rosa saß vor dem Feuer und machte uns Toast zum Abendbrot: sie drehte ihn achtsam auf einer langen Toastgabel. Ihre Stimme klang wie Papier, das man durchreißt, als sie sagte:

»Mein kleiner Sohn ist am Weihnachtstag gestorben.«

»Gestorben? Sherman ist gestorben?«

»Du weißt, dass es nicht Sherman ist«, sagte sie streng. »Sherman kommt doch jeden Tag her.« Sherman war ein großer Junge, und nach der Schule stand er vor unserm Fenster, und Rosa schob es in die Höhe und sprach lange mit ihm, und manchmal gab sie ihm einen Zehner für den Laden. Die ganze Zeit, die Sherman vor dem Fenster stand, hielt er sich die Nase zu, so dass er beim Sprechen näselte wie eine Ukulele-Saite. »Es war Shermans kleiner Bruder – ist schon lange her.«

»Hatte er auch Scharlach?«

»Nein. Am Weihnachtsmorgen ist er verbrannt. Er war noch ein Baby, und Sherman hatte ihn vor den Kamin gesetzt, um mit ihm zu spielen. Dann hat Sherman ihn vergessen, wie's Kinder tun, und hat ihn allein vor dem Kamin gelassen. Das Feuer hat gesprüht, und ein Funken fiel auf sein Nachthemdchen, und bis ich's merkte, war mein Baby … Davon hab ich die krause weiße Narbe hier auf meinem Hals.«

»War dein Baby wie unser neues Baby?«

»Es war ungefähr ebenso alt.«

Ich dachte lange darüber nach, und dann fragte ich: »War Sherman froh?«

»Was du für Gedanken in deinem Kopf hast, Sister!«

»Ich kann Babys nicht leiden«, sagte ich.

»Später wirst du das Baby gernhaben. Genauso, wie du jetzt deinen Bruder lieb hast.«

»Bonny riecht schlecht«, sagte ich.

»Fast jedes Kind kann das neue Baby nicht leiden, bis es sich dran gewöhnt hat.«

»Ist *jedes* und *je* das Gleiche?«, fragte ich.

Es war die Zeit, in der wir uns schälten. Jeden Tag zogen Budge und ich lange Streifen und Fetzen Haut ab und bewahrten sie in einer Pillenschachtel auf.

»Ich möchte mal wissen, was wir mit all der Haut machen, die wir hier aufbewahren?«

»Das kannst du dir überlegen, wenn's nötig ist, Sister. Musst es jetzt genießen – solange du kannst.«

»Ich möchte mal wissen, was wir mit der langen Kette anfangen sollen, die wir gemacht haben?« Ich blickte auf die Kette, die aufgehäuft in der Kiste zwischen unsern Betten lag. Sie verdeckte alle anderen Spielsachen, die Puppen und das Spielzeug und alles.

Die Quarantäne endete, und in die Freude über unsre neu gewonnene Freiheit mischte sich der jähe, unbeschreibliche Kummer: all unsre Spielsachen mussten verbrannt werden. Jedes Spielzeug, die Kette, sogar die abgeschälte Haut – was wir als den schrecklichsten Verlust empfanden.

»Es ist wegen der Krankheitskeime«, sagte Rosa. »Alles wird verbrannt, und die Betten und Matratzen kommen zu dem Bazillen-Mann, der sie desinfiziert. Und das Zimmer wird mit Lysol gescheuert.«

Nachdem der Bazillen-Mann weg war, stand ich auf der Schwelle des Zimmers. Keine Spur von den Spielsachen, keine Betten, keine Möbel. Das Zimmer war bitterkalt, der feuchte Fußboden roch scharf, die Fenster waren nass. Mit der sich schließenden Tür verschloss sich auch mein Herz.

Mutter hatte mir für die Weihnachtstage ein rotes Kleid genäht. Budge und ich durften durch alle Zimmer laufen und sogar aus dem Garten gehen. Aber ich war nicht glücklich. Auf Mutters Schoß saß ewig das Baby. Die Köchin Mary machte »Gusa-gusa-gaks«, und Daddy warf das Baby in die Luft.

An jenem Weihnachtsfest wurde ein schreckliches Lied gesungen:

> »Häng Babys Strümpfchen auf,
> vergiss es nur nicht,
> sie hat noch keine Weihnacht erlebt,
> unser süßer kleiner Wicht!«

Ich verabscheute die winselnde Melodie und die Worte so sehr, dass ich mir die Finger in die Ohren steckte und *Dixie* sang, bis von Santas Rentier und dem Nordpol und dem Weihnachtsfestzauber die Rede war.

Drei Tage vor Weihnachten kollidierte die Wirklichkeit so heftig mit dem Weihnachtszauber, dass meine Vorstellungswelt jählings erschüttert war. Aus irgendeinem Grund, an den ich mich jetzt nicht erinnere, öffnete ich die Tür des Scharlachzimmers und blieb wie gebannt und zitternd auf der Schwelle stehen. Das Zimmer drehte sich vor meinen ungläubigen Augen. Nichts Bekanntes war darin, und stattdessen war das Zimmer mit allem angefüllt, was Budge und ich auf die Liste für Santa Claus geschrieben und die wir in den Kamin gehängt hatten. Alles – und sogar noch mehr, so dass der Raum wie eine Santa-Claus-Abteilung in einem Warenhaus aussah. Ein Dreirad war da, eine Puppe, eine Eisenbahn mit Schienen und ein Kindertisch und vier Stühle. Ich zweifelte an der Wirklichkeit dessen, was ich sah, und blickte auf den bekannten Baum draußen vor dem Fenster und auf einen Riss in der Decke, der mir so vertraut war. Dann schlich ich mit den leichten, verstohlenen Schritten eines Kindes umher, das herumschnüffelt. Vorsichtig tippte ich mit dem Zeigefinger auf den Tisch und die Spielsachen. Man konnte sie berühren, sie waren wirklich. Dann sah ich etwas Wunderschönes, das wir uns nicht gewünscht hatten: einen grünen Affen mit einem Drehorgel-Mann. Der Affe trug einen scharlachroten Frack und sah mit seinem ängstlichen Affengesicht und den traurigen Augen sehr echt aus. Ich liebte ihn sofort, wagte aber nicht, ihn anzufassen. Ich schaute mich ein letztes Mal im Santa-Claus-Zimmer um. In meinem Herzen entstand eine Stille, eine Stockung, die auf den Schock der Erkenntnis folgt. Ich schloss die Tür und ging langsam weg, niedergedrückt von zu viel Wissen.

Mutter saß im Vorderzimmer und strickte, und das Baby war in seinem Ställchen.

Ich holte tief Atem und fragte mit überlegener Stimme: »Warum sind die Santa-Claus-Sachen im Hofzimmer?«

Mutter hatte die unsichere Miene von jemandem, der einem etwas vormacht. »Oh, Santa Claus hat deinen Vater gefragt, ob er ein paar Sachen im Hofzimmer unterstellen könnte.«

Ich glaubte es ihr nicht und sagte: »Ich weiß schon, die Eltern sind Santa Claus!«

»Aber Sister! Darling!«

»Ich habe mich schon über den Kamin gewundert. Butch hat nämlich keinen Kamin, doch Santa Claus kommt immer zu ihm.«

»Manchmal geht er auch durch die Tür!«

Zum ersten Mal merkte ich, dass meine Mutter mir etwas weismachen wollte, und ich überlegte. »Ist das mit Jesus wahr? Santa Claus und Jesus sind verwandt, das weiß ich!«

Mutter ließ ihr Strickzeug sinken. »Santa Claus ist für die Spielsachen und die Läden, und Jesus ist für die Kirche.«

Als sie die Kirche erwähnte, dachte ich an Langeweile, an bunte Fenster, Orgelmusik und Unrast. Ich hasste die Kirche und auch Jesus, wenn die Kirche das Gleiche wie Jesus war. Ich liebte bloß Santa Claus, und er war nicht wirklich.

Mutter versuchte es noch einmal. »Jesus ist das heilige kleine Baby – ein Baby wie Bonny. Jesus ist das Christkind.«

Das war das Allerschlimmste. Ich hockte mich auf den Fuß-boden und schrie dem Baby ins Gesicht. »Die Eltern sind Santa Claus. Jesus ist …«

Das Baby begann zu weinen, und Mutter nahm es auf den Schoß und liebkoste es. »Benimm dich jetzt, Sister! Du bringst Bonny zum Weinen!«

»Ich hasse das dumme alte Bonny!«, jammerte ich und ging auf den Flur hinaus, um dort zu weinen.

Am Weihnachtstag geschah zweierlei. Ich spielte mit dem Affen unter dem Weihnachtsbaum und half Budge, die Schienen für seine Eisenbahn auszulegen. Das Baby hatte Baukastenwürfel und eine Gummipuppe. Es weinte und spielte nicht. Budge und ich aßen eine ganze Schicht ›Schatzinsel-Schokolade‹, und am Nachmittag waren uns Spiel und Schokolade verleidet.

Später saß ich allein auf dem Fußboden im Weihnachtszimmer – allein bis auf das Baby in seinem Ställchen. Der Baum funkelte durch den Winterabend. Plötzlich fielen mir Rosa Henderson und das Baby ein, das am Weihnachtstag verbrannt war. Ich blickte auf Bonny und sah mich im Zimmer um. Mutter und Daddy waren ausgegangen, um meinen Onkel Willy zu besu-chen, und Mary war in der Küche. Ich war allein. Vorsichtig hob ich das Baby auf und setzte es vor den Kamin. Bei dem un-scharfen Denken meiner fünf Jahre merkte ich nicht, dass ich etwas Unrechtes tat. Ich fragte mich, ob das Feuer sprühen wür-de, und ging traurig und unglücklich zu meinem Bruder ins Hofzimmer.

Es war in unserer Familie Brauch, am Weihnachtsabend Feuer-werk abzubrennen. Nach Anbruch der Dunkelheit machte Dad-dy im Hof ein Feuer, und dann ließen wir Leuchtkugeln und Raketen aufsteigen. Jetzt fiel mir das ein. Die Schachtel mit dem Feuerwerk lag im Hofzimmer auf dem Kaminsims, und ich machte sie auf und suchte mir zwei Raketen aus. Ich fragte

Budge: »Wollen wir was Lustiges tun?« Ich wusste genau, dass es unrecht war. Aber ich wollte unartig sein, weil ich so wütend und traurig war. Ich hielt die Raketen ans Feuer und gab Budge die eine. »Jetzt pass auf«, sagte ich.

Ich glaubte, dass ich mich an Feuerwerk erinnern könne, aber so etwas wie das hier hatte ich noch nie gesehen. Nachdem die Raketen gezischt und gespuckt hatten, schossen sie in gelben und roten Bahnen wie wild durchs Zimmer. Wir standen vor zwei gegenüberliegenden Wänden, und das flammende Feuerwerk prallte in prachtvollen, erschreckenden Bögen von Wand zu Wand. Es dauerte lange, und wir standen wie gelähmt in dem strahlenden, fürchterlichen Zimmer. Als es endlich vorbei war, waren auch meine Hassgefühle verschwunden. Ich stand in dem jetzt sehr stillen Zimmer und rührte mich nicht.

Dann glaubte ich, das Baby weinen zu hören, aber während ich ins Wohnzimmer lief, wusste ich: sie weinte nicht, noch war sie verbrannt und in den Kamin hinaufgezogen. Sie hatte sich umgedreht und kroch zum Weihnachtsbaum. Ihre Hände mit den kleinen Fingerchen waren auf dem Fußboden, und das Nachthemd war ihr über die Windeln hinaufgerutscht. Ich hatte Bonny noch nie kriechen sehen und schaute ihr mit den ersten Gefühlen von Liebe und Stolz zu: die alte Feindschaft war für immer fort.

Ich spielte mit Bonny, und mein Herz war frei von Eifersucht; zum ersten Mal seit vielen Monaten war ich fröhlich. Ich hatte mich mit dem Gedanken ausgesöhnt, dass Santa Claus bloß ›Familie‹ war, und in dem neu gewonnenen Frieden fand ich, dass meine Familie und Jesus vielleicht irgendwie verwandt wären. Bald danach, als wir in ein neues Haus in der Vorstadt gezogen waren, lehrte ich Bonny laufen und gab ihr sogar den Affen zu halten, während ich den Drehorgel-Mann spielen ließ.

Truman Capote
Eine Flasche voll Silber

Nach der Schule arbeitete ich früher im Drugstore Valhalla. Er gehörte meinem Onkel, Mr. Ed Marshall. Ich nenne ihn Mr. Marshall, weil jeder, einschließlich seiner Frau, ihn Mr. Marshall nannte. Trotzdem war er ein netter Mensch.

Der Drugstore war vielleicht altmodisch, aber dafür groß und dunkel und kühl: In den Sommermonaten gab es keinen angenehmeren Ort im Städtchen. Zur Linken, wenn man eintrat, war der Tabak- und Zeitschriftenstand, hinter dem, in der Regel, Mr. Marshall saß: ein untersetzter Mann mit eckigem Gesicht, rosiger Haut und einem gezwirbelten, mannhaften weißen Schnurrbart. Nach diesem Stand kam der Ausschank mit der wunderschönen Theke. Sie war antik und aus edlem, vergilbtem Marmor, glatt anzufühlen, aber ohne eine Spur von billigem Glanz. Mr. Marshall hatte sie 1910 auf einer Auktion in New Orleans gekauft und war sichtlich stolz darauf. Wenn man auf den hohen, zierlichen Barhockern saß und über die Theke blickte, konnte man sich weich, wie bei Kerzenschein, in einer Reihe alter Spiegel mit Mahagonirahmen reflektiert sehen. Alle Artikel des täglichen Bedarfs waren in vitrinenartigen Schränken mit Glastüren ausgestellt, die mit Messingschlüsseln zugesperrt waren. Und immer hing in der Luft der Geruch von Sirup und Muskat und anderen Köstlichkeiten.

Das Valhalla war der Treffpunkt von Wachata County, bis ein gewisser Rufus McPherson in die Stadt kam und direkt gegenüber, auf der anderen Seite des Platzes vor dem Gerichtsgebäude, einen zweiten Drugstore eröffnete. Dieser Rufus McPherson war ein Schurke; das heißt, er nahm meinem Onkel Kundschaft weg. Er installierte neumodische Einrichtungen, wie elektrische Ventilatoren und bunte Lämpchen; er bot Bedienung im Auto und machte gegrillte Käsesandwiches auf Bestellung. Wenngleich auch manche Kunden Mr. Marshall treu blieben, so konnten doch die meisten Rufus McPherson nicht widerstehen.

Eine Zeitlang zog Mr. Marshall es vor, ihn zu ignorieren: Wenn McPhersons Name erwähnt wurde, stieß er eine Art Schnauben aus, fingerte an seinem Schnurrbart herum und blickte in die andere Richtung. Aber man merkte genau, dass er wütend war. Und immer wütender wurde. Als ich dann eines Tages Mitte Oktober ins Valhalla spazierte, sah ich ihn an der Theke sitzen, wo er mit Hamurabi Domino spielte und Wein trank.

Hamurabi war ein Ägypter und so etwas wie ein Dentist, obgleich er nicht viel zu tun hatte, da die Menschen hier bei uns ungewöhnlich gute Zähne haben, was auf ein Element im Wasser zurückzuführen ist. Er verbrachte einen Großteil seiner Zeit damit, im Valhalla herumzulungern, und war der beste Kumpel meines Onkels. Er war eine stattliche Erscheinung, dieser Hamurabi, dunkelhäutig und über zwei Meter groß; die Matronen der Stadt hielten ihre Töchter hinter Schloss und Riegel und machten ihm selbst schöne Augen. Er hatte überhaupt keinen ausländischen Akzent, und ich war immer der Meinung, dass er genauso wenig Ägypter war wie der Mann im Mond.

Jedenfalls saßen sie da und becherten italienischen Rotwein aus einer dickbauchigen Vierliterflasche. Es war ein beunruhigender Anblick, denn Mr. Marshall war als Abstinenzler bekannt. Also dachte ich natürlich: Auweia, Rufus McPherson hat ihm endgültig den Rest gegeben. Aber das war nicht der Fall.

»Komm her, Junge«, sagte Mr. Marshall, »nimm dir ein Glas Wein.«

»Klar«, sagte Hamurabi, »wir müssen die Flasche doch austrinken. Schließlich haben wir sie gekauft, da dürfen wir nichts verkommen lassen.«

Viel später, als die Flasche leer war, hob Mr. Marshall sie hoch und sagte: »Dann wollen wir mal sehen!« Und damit verschwand er hinaus in den Nachmittag.

»Wo will er denn hin?«, fragte ich.

»Ah«, war alles, was Hamurabi dazu sagte. Es machte ihm Spaß, mich auf die Folter zu spannen.

Eine halbe Stunde verstrich, ehe mein Onkel zurückkam. Er ging gebeugt und ächzte unter der Last, die er trug. Er stellte die Flasche auf der Theke ab, trat lächelnd einen Schritt zurück und rieb sich die Hände. »Na, was sagt ihr dazu?«

»Ah«, schnurrte Hamurabi.

»Mann …«, sagte ich.

Es war dieselbe Weinflasche, bei Gott, aber mit einem wundervollen Unterschied; denn nun war sie bis zum Rand mit silbernen Fünfcent- und Zehncentstücken gefüllt, die matt durch das dicke Glas schimmerten.

»Nicht übel, was?«, sagte mein Onkel. »Hab ich drüben in der First National Bank machen lassen. Was Größeres als Fünfer haben sie nicht reingekriegt. Trotzdem ist da 'ne Menge Geld drin, das könnt ihr mir glauben.«

»Aber wozu das Ganze, Mr. Marshall?«, sagte ich. »Ich meine, was ist der Sinn der Sache?«

Mr. Marshalls Lächeln verstärkte sich zu einem Grinsen. »Das hier ist eine Flasche voll Silber, könnte man sagen …«

»Der Pokal am Ende des Regenbogens«, warf Hamurabi ein.

»… und der Sinn der Sache, wie du es nennst, ist, dass die Leute raten sollen, wie viel Geld da drin ist. Zum Beispiel, sagen wir, du kaufst etwas im Wert von einem Vierteldollar – nun, dann darfst du einen Tipp abgeben. Je mehr du kaufst, desto mehr Chancen hast du. Und ich halte jeden Tipp in meinem Hauptbuch fest, bis dann an Weihnachten der, der dem richtigen Betrag am nächsten kommt, den ganzen Plunder kriegt.«

Hamurabi nickte feierlich. »Er spielt den Weihnachtsmann – einen mächtig schlauen Weihnachtsmann«, sagte er. »Ich gehe jetzt heim und schreibe ein Buch: *Der raffinierte Mord an Rufus McPherson.*« Um die Wahrheit zu sagen, manchmal schrieb er tatsächlich Kurzgeschichten und schickte sie an Zeitschriften. Sie kamen immer zurück.

Es war erstaunlich, eigentlich das reinste Wunder, wie Wachata County auf die Flasche reagierte. Ehrlich, so gute Geschäfte hatte das Valhalla nicht mehr gemacht, seit Bahnhofsvorsteher Tully, der arme Tropf, damals völlig den Verstand verlor und behauptete, hinter dem Depot auf Erdöl gestoßen zu sein, woraufhin das Städtchen von wild bohrenden Ölsuchern überschwemmt wurde. Sogar die Tagediebe aus dem Billardsalon, die nie einen Cent für etwas ausgaben, das nichts mit Schnaps oder Weibern zu tun hatte, begannen ihr übriges Kleingeld in Milchshakes zu investieren. Einige ältere Damen missbilligten Mr. Marshalls Initiative öffentlich als eine Form von Glücksspiel, machten aber keinen weiteren Ärger, und einige sahen sich sogar veranlasst, uns aufzusuchen und einen Tipp zu wagen. Die Schulkinder waren ganz verrückt nach der Sache, und ich war sehr beliebt, weil sie dachten, ich wüsste die Antwort.

»Ich will dir verraten, warum das so ist«, sagte Hamurabi und zündete sich eine der ägyptischen Zigaretten an, die er sich per Post von einer Firma in New York City schicken ließ. »Dahinter steckt nicht das, was du dir vielleicht vorstellst; in anderen Worten, nicht Gier. Nein. Das Geheimnisvolle ist es, was lockt. Wenn du all die Fünfer und Zehner siehst, was denkst du da? ›Oh, so viel!‹ Nein, nein. Du denkst: ›Oh, *wie* viel?‹ Und das ist nun wirklich eine tiefgründige Frage. Weil das nämlich für jeden etwas anderes bedeuten kann. Kapiert?«

Was war Rufus McPherson fuchtig! Als Kaufmann rechnet man fest damit, dass das Weihnachtsgeschäft einen Großteil des jährlichen Gewinns einbringt, und er hatte seine liebe Not, überhaupt Kundschaft zu finden. Also versuchte er, die Flasche zu kopieren; aber da er furchtbar geizig war, füllte er seine mit kupfernen Centstücken. Außerdem schrieb er einen Leserbrief an das *Banner*, unsere Wochenzeitung, in dem es hieß, man sollte Mr. Marshall »teeren und federn und aufknüpfen, weil er aus unschuldigen kleinen Kindern notorische Glücksspieler macht und sie geradewegs der Verdammnis anheimgibt!«. Man kann sich ja denken, wie sehr er sich damit zum Gespött der Leute machte. Jeder hatte nichts als Hohn für McPherson übrig. Und so stand er ab Mitte November nur noch vor seinem Laden auf dem Bürgersteig und starrte verbittert auf das fröhliche Treiben auf der anderen Seite des Platzes.

Etwa um diese Zeit traten Appleseed und Schwester zum ersten Mal in Erscheinung.

Er war fremd in der Stadt. Zumindest konnte sich niemand erinnern, ihn je zuvor gesehen zu haben. Er sagte, er lebe auf einer Farm eine Meile hinter Indian Branches; erzählte uns, seine Mutter wiege nur dreiunddreißig Kilo und dass er einen älteren Bruder habe, der für fünfzig Cent auf jeder Hochzeit Fiedel spielen würde. Er behauptete, Appleseed sei der einzige Name, den er habe, und dass er zwölf Jahre alt sei. Aber seine Schwester Middy sagte, er sei acht. Sein Haar war glatt und dunkelblond. Er hatte ein spitzes, wettergegerbtes Gesichtchen mit unruhigen grünen Augen, die sehr klug und wissend dreinblickten. Er war klein und schmächtig und überspannt; und er trug immer dieselbe Kleidung: einen roten Pullover, blaue Drillichhosen und ein Paar Männerstiefel, die bei jedem Schritt klappklapp machten.

Es regnete, als er das erste Mal ins Valhalla kam; die Haare klebten an seinem Kopf wie eine Kappe, und seine Stiefel waren schmutzverkrustet vom roten Schlamm der Landstraßen. Middy zottelte hinter ihm her, als er breitbeinig wie ein Cowboy an die Theke stolziert kam, wo ich gerade Gläser abtrocknete.

»Ich hab gehört, hier gibt's 'ne Flasche voll Geld, wo ihr herschenken wollt«, sagte er und blickte mir fest in die Augen. »Und wo's ihr sowieso herschenken wollt, wärn wir euch verbunden, wenn ihr's uns geben tätet. Der Name is' Appleseed, und das da ist meine Schwester Middy.«

Middy war ein deprimierendes, deprimiert wirkendes Kind. Sie war ein ganzes Stück größer und offenbar älter als ihr Bruder: eine richtige Bohnenstange. Sie hatte kurze hellblonde Haare, die wie abgesäbelt waren, und ein blasses mitleiderregendes Gesicht. Sie trug ein verschossenes Baumwollkleid, das weit oberhalb ihrer knochigen Knie aufhörte. Irgendetwas stimmte nicht mit ihren Zähnen, was sie zu verbergen versuchte, indem sie geziert die Lippen schürzte wie eine alte Dame.

»Tut mir leid«, sagte ich, »aber da musst du mit Mr. Marshall sprechen.«

Und genau das tat er. Ich konnte hören, wie mein Onkel ihm erklärte, was er tun musste, um die Flasche zu gewinnen. Appleseed hörte aufmerksam zu, wobei er hin und wieder nickte. Danach kam er wieder her und stellte sich vor die Flasche, berührte sie leicht mit der Hand und sagte: »Ist das nich' was Schönes, Middy?«

Middy sagte: »Tun sie's uns geben?«

»Nee. Die wollen, dass man raten tut, wie viel Geld drin ist. Und vorher musst du erst was für 'n Vierteldollar kaufen, damit du überhaupt raten darfst.«

»Aber wir ham doch gar kein Vierteldollar nich'. Wo solln wir denn 'n Vierteldollar herkriegen?«

Appleseed runzelte die Stirn und rieb sich das Kinn. »Das is' nich' weiter schwer, das schaff ich schon. Mir macht was andres Kopfzerbrechen: Ich kann kein Risiko eingehen und einfach drauflosraten ... ich muss es *wissen*.«

Nun, ein paar Tage später tauchten sie wieder auf. Appleseed setzte sich an der Theke auf einen Hocker und verlangte dreist zwei Gläser Wasser, eins für sich und eins für Middy. Und bei dieser Gelegenheit gab er Auskunft über seine Familie: »... dann is' da Papa Daddy, das ist der Papa von meiner Mama, der, wo von Franzosen abstammt und wo deshalb nich' gut Englisch kann. Mein Bruder, der, wo Fiedel spielt, der war schon dreimal im Gefängnis ... Wegen dem ham wir auch weg müssen aus Louisiana. Der hat 'n Typ bös mit 'm Rasiermesser zugerichtet bei 'nem Streit um 'ne Frau, wo zehn Jahr' älter war als er. Die hat blonde Haare gehabt.«

Middy, die sich im Hintergrund hielt, sagte nervös: »Du sollst doch nich' so persönliche Privatsachen von unsrer Familie rumerzählen, Appleseed.«

»Sei still, Middy«, sagte er, und sie war still. »Sie ist 'n braves Mädchen«, fügte er hinzu, während er sich umdrehte und ihren Kopf tätschelte, »aber man darf ihr nich' arg viel durchgehen lassen. Geh und schau dir die Illustrierten an, Herzchen, und hör auf, an deinen Zähnen rumzumachen. Appleseed muss was austüfteln.«

Austüfteln bedeutete in diesem Fall, unverwandt auf die Flasche zu starren, als wollte er sie mit den Augen verschlingen. Das Kinn in die Hand gestützt, studierte er sie lange Zeit, ohne ein einziges Mal zu blinzeln. »Eine Lady in Louisiana hat mir gesagt, dass ich Sachen sehen kann, wo andre Leute nich' sehen können, weil ich mit einer Glückshaube aufm Kopf geboren bin.«

»Gib's auf, du kannst nicht sehen, wie viel drin ist«, sagte ich zu ihm. »Warum nimmst du nicht einfach die erstbeste Zahl, die dir in den Kopf kommt, vielleicht ist es ja die richtige.«

»Nix da«, sagte er, »viel zu unsicher. So 'n Risiko kann ich nich' eingehen. Aber wenn ich's richtig ausgetüftelt hab, gibt's nur *eine* todsichere Methode – man muss jeden einzelnen Fünfer und Zehner zählen.«

»Zählen?«

»Was zählen?«, fragte Hamurabi, der gerade hereingeschlendert kam und sich nun an der Theke niederließ.

»Der Kleine sagt, er will zählen, wie viel in der Flasche ist«, erläuterte ich ihm.

Hamurabi sah Appleseed interessiert an. »Und wie willst du das anstellen, Junge?«

»Durch Zählen eben«, sagte Appleseed ganz sachlich.

Hamurabi lachte. »Dazu müsstest du Röntgenaugen haben, Junge, kann ich da nur sagen.«

»O nein. Man muss bloß mit 'ner Glückshaube aufm Kopf geboren sein. Eine Lady in Louisiana hat's mir gesagt. Sie war 'ne Zauberin; sie hat mich lieb gehabt, und als mich meine Ma ihr nich' hat geben wollen, da hat sie sie verhext, und jetzt wiegt meine Ma bloß noch dreiunddreißig Kilo.«

»Hoch-in-ter-es-sant«, lautete Hamurabis Kommentar, während er Appleseed mit einem sonderbaren Blick bedachte.

Middy kam angeschlurft, in der Hand eine Filmzeitschrift. Sie hielt Appleseed ein Foto hin und sagte: »Ist die nich' einfach bildhübsch? Siehst du's, Appleseed, siehst du, was die für schöne Zähne hat? Nich' einer davon schief.«

»Nu mach dir mal keine Sorgen«, sagte er.

Als sie gegangen waren, bestellte Hamurabi eine Flasche NEHI-Orangeade und trank sie langsam aus, während er eine Zigarette rauchte. »Glaubst du, dass das Bürschchen noch alle Tassen im Schrank hat?«, fragte er etwas später in verdutztem Ton.

Am schönsten ist Weihnachten in kleinen Orten, wie ich finde. Sie fangen die Festtagsstimmung schneller ein und verwandeln sich und leben auf unter ihrem Zauber. Bereits in der ersten Dezemberwoche waren die Haustüren mit Kränzen dekoriert, und in den Schaufenstern prunkten rote Papierglocken und Schneeflocken aus glitzernder Hausenblase. Die Kinder zogen hinaus in den Wald und kamen mit würzig riechenden immergrünen Bäumen im Schlepptau zurück. Schon jetzt waren die Frauen damit beschäftigt, Kuchen zu backen, Gläser mit Konfitüre zu öffnen und Flaschen mit Brombeer- und Muskatellerwein zu entkorken. Auf dem Platz vor dem Gerichtsgebäude wurde ein riesiger Baum mit Lametta und bunten Glühbirnen geschmückt, die bei Sonnenuntergang eingeschaltet wurden. Am späten Nachmittag konnte man den Chor in der presbyterianischen Kirche Weihnachtslieder für den alljährlichen Rundgang proben hören. Und in der ganzen Stadt standen die Kamelien in voller Blüte.

Der einzige Mensch, den diese herzerwärmende Atmosphäre nicht im Geringsten zu berühren schien, war Appleseed. Er widmete sich seiner selbstgesetzten Aufgabe, mit großer Gewissenhaftigkeit das Geld in der Flasche zu zählen. Inzwischen kam er jeden Tag ins Valhalla und konzentrierte sich auf die Flasche, wobei er düster dreinschaute und vor sich hin murmelte. Zuerst waren wir alle fasziniert, doch nach einer Weile wurde es langweilig, und keiner nahm mehr Notiz von ihm. Er kaufte nie etwas, da er die fünfundzwanzig Cent anscheinend nie auftreiben konnte. Manchmal unterhielt er sich mit Hamurabi, der sich für ihn zu interessieren begonnen hatte und gelegentlich einen Plombenzieher oder eine Lakritzstange springen ließ.

»Glauben Sie immer noch, dass er spinnt?«, fragte ich.

»Da bin ich mir nicht mehr so sicher«, sagte Hamurabi. »Aber eins weiß ich genau. Er isst nicht genug. Ich werde ihn mal ins Rainbow Café mitnehmen und ihm einen Grillteller spendieren.«

»Ihm wäre es lieber, Sie würden ihm einen Vierteldollar geben.«

»Nein. Ein Grillteller ist das, was er braucht. Außerdem wäre es besser, wenn er nie einen Tipp abgeben würde. Bei einem überspannten Kerlchen wie ihm, einem so ungewöhnlichen, möchte ich nicht dafür verantwortlich sein, wenn er verliert. Denn das wäre erbärmlich.«

Ich muss gestehen, dass ich Appleseed damals schlicht für sonderbar hielt. Mr. Marshall hatte Mitleid mit ihm, und die Kinder versuchten ihn zu hänseln, mussten es aber aufgeben, da er einfach nicht darauf einging. Und so konnte man ihn klar und deutlich an der Theke sitzen sehen, die Stirn gerunzelt und den Blick starr auf die Flasche geheftet. Dabei war er so abwesend, dass man manchmal das unheimliche Gefühl hatte, dass er, naja, vielleicht gar nicht existierte. Und wenn man sich dessen ziemlich sicher war, wachte er plötzlich auf und sagte etwas in der Art wie: »Hoffentlich ist da ein Büffel-Fünfer von 1913 drin. Ein Typ hat mir erzählt, dass er mal gesehen hat, wie ein Büffel-Fünfer von 1913 fünfzig Dollar wert war.« Oder: »Die Middy wird mal 'ne ganz große Dame beim Film. Die kriegen jede Menge Geld, die Damen, wo beim Film sind, und dann essen wir nie kein Kohl mehr, solange wir leben. Aber die Middy sagt, sie kann nich' zum Film, bevor nich' ihre Zähne schön sind.«

Middy trabte nicht immer hinter ihrem Bruder her. Wenn sie nicht mitkam, war Appleseed anders als sonst; er wirkte dann schüchtern und blieb nicht lange.

Hamurabi hielt sein Versprechen und spendierte ihm im Rainbow Café einen Grillteller. »Der Mr. Hamurabi ist ja ganz nett«, sagte Appleseed später, »aber der hat schon komische Ideen:

Der glaubt, dass wenn er in dem Ägypten da wohnen tät, dann wär er ein König oder so was Ähnliches.«

Und Hamurabi sagte: »Der Junge hat ein geradezu rührendes Gottvertrauen. Das ist etwas Wunderbares. Aber allmählich wird mir die ganze Sache zuwider.« Er deutete auf die Flasche. »Menschen derart Hoffnungen zu machen, ist grausam, und es tut mir verdammt leid, dass ich jemals etwas damit zu tun hatte.«

Der beliebteste Zeitvertreib im Valhalla war, zu entscheiden, was man sich kaufen würde, falls man die Flasche gewann. Unter denen, die sich daran beteiligten, waren: Solomon Katz, Phoebe Jones, Carl Kuhnhardt, Puly Simmons, Addie Foxcroft, Marvin Finkle, Trudy Edwards und ein Farbiger namens Erskine Washington. Und dies waren einige der Antworten: ein Ausflug nach und eine Dauerwelle in Birmingham, ein gebrauchtes Klavier, ein Shetland-Pony, ein goldenes Armband, eine mehrbändige Ausgabe der *Rover Boys*-Bücher und eine Lebensversicherungspolice.

Einmal fragte Mr. Marshall Appleseed, was er sich kaufen würde. »Das ist ein Geheimnis«, war die Antwort, und kein noch so hartnäckiges Nachbohren konnte es ihm entlocken. Für uns stand fest, was immer es auch war, er wollte es unbedingt haben.

Richtig Winter wird es in unserer Gegend normalerweise erst Ende Januar, und dann ist er mild und dauert nicht lange. Doch in dem Jahr, von dem ich berichte, wurden wir in der Woche vor Weihnachten von einem einmaligen Kälteeinbruch heimgesucht. Manche sprechen noch heute davon, denn es war wirklich schlimm: Wasserrohre froren ein; viele Leute mussten die Tage in ihre Steppdecken gekuschelt im Bett verbringen, da sie es versäumt hatten, ausreichend Brennholz für das Kaminfeuer einzulagern; der Himmel nahm diesen merkwürdigen stumpfen Grauton an wie kurz vor einem Gewitter, und die Sonne war so fahl wie der abnehmende Mond. Es wehte ein scharfer Wind: Die alten dürren Blätter des vergangenen Herbstes fielen auf den vereisten Boden, und der Baum auf dem Platz vor dem Gerichtsgebäude wurde zweimal seines Weihnachtsschmucks beraubt. Wenn man ausatmete, bildete der Atem rauchartige Wolken. Drunten bei der Seidenspinnerei, wo die ganz Armen wohnten, drückten sich die Familien nachts im Dunkeln eng aneinander und erzählten sich Geschichten, um sich von der Kälte abzulenken. Draußen auf dem Land deckten die Farmer ihre zarten Pflanzen mit Jutesäcken ab und beteten; manche nutzten das Wetter, um ihre Schweine zu schlachten und die frischen Würste in die Stadt zu bringen. Mr. R.C. Judkins, unser stadtbekannter Säufer, staffierte sich mit einem Anzug aus roter Gaze aus und spielte im Billigkaufhaus den Weihnachtsmann. Mr. R.C. Judkins war Vater einer großen Familie, und so war jedermann froh, dass er immerhin nüchtern genug war, sich einen Dollar zu verdienen. Es fanden mehrere kirchliche Geselligkeiten statt, bei deren einer Mr. Marshall sich von Angesicht zu Angesicht Rufus McPherson gegenübersah: Heftige Worte wurden gewechselt, aber es kam nicht zu Handgreiflichkeiten.

Wie bereits erwähnt, lebte Appleseed auf einer Farm eine Meile hinter Indian Branches, das heißt ungefähr drei Meilen außerhalb der Stadt; ein mächtig langer und einsamer Weg. Aber trotz der Kälte kam er jeden Tag ins Valhalla und blieb bis Ladenschluss, der wegen der kurz gewordenen Tage nach Einbruch der Dunkelheit war. Hin und wieder wurde er auf dem Heimweg ein Stück vom Vorarbeiter der Seidenspinnerei im Auto mitgenommen, aber nicht oft. Er sah müde aus, und er hatte Sorgenfalten um den Mund. Er fror ständig und zitterte viel. Ich glaube, dass er nicht einmal warme Unterhosen unter seinem roten Pullover und den blauen Hosen anhatte.

Es war drei Tage vor Weihnachten, als er aus heiterem Himmel verkündete: »So, ich bin fertig. Ich meine, ich weiß jetzt, wie viel in der Flasche drin ist.« Er behauptete dies mit so fester, feierlicher Überzeugung, dass es schwerfiel, ihm nicht zu glauben.

»Nun mal halblang, Junge, nicht so schnell«, sagte Hamurabi, der anwesend war. »Das kannst du doch überhaupt nicht wissen. So was darfst du nicht mal denken, sonst steht dir eine furchtbare Enttäuschung bevor.«

»Sie brauchen mir keine Predigt zu halten, Mr. Hamurabi. Ich weiß, was ich mache. Eine Lady in Louisiana hat gesagt …«

»Ja, ja, ja – aber du musst das vergessen. Wenn ich du wäre, würde ich heimgehen und dort bleiben und die ganze verdammte Flasche vergessen.«

»Mein Bruder spielt heut Abend drüben in Cherokee City bei 'ner Hochzeit Fiedel, und der gibt mir den Vierteldollar«, sagte Appleseed dickköpfig. »Morgen riskier ich's.«

Und so war ich am nächsten Tag ziemlich aufgeregt, als Appleseed und Middy hereinkamen. Und tatsächlich, er hatte seinen Vierteldollar: Er war sicherheitshalber in den Zipfel eines roten Halstuchs geknotet.

Die beiden spazierten Hand in Hand zwischen den Vitrinen herum und berieten im Flüsterton, was sie kaufen sollten. Sie entschieden sich schließlich für ein fingerhutgroßes Fläschchen Gardenienparfüm, das Middy umgehend aufmachte und sich teilweise auf die Haare kippte. »Das riecht wie … Heilige Maria, ich hab noch nie so was Feines gerochen. Komm, Appleseed, Herzchen, lass dir was davon aufs Haar tun.« Aber er ließ sie nicht.

Mr. Marshall holte das Hauptbuch hervor, in dem er alle geschäftlichen Vorgänge festhielt, während Appleseed zur Theke schlenderte, beide Hände an die Flasche legte und sie sanft streichelte. Seine Augen leuchteten, und seine Wangen waren vor Aufregung gerötet. Mehrere Personen, die in dem Moment im Drugstore waren, drängten näher heran. Middy hielt sich im Hintergrund, kratzte sich unbeteiligt am Bein und schnupperte an ihrem Duftwasser. Hamurabi war nicht da.

Mr. Marshall beleckte die Spitze seines Bleistifts und lächelte.

»Okay, Junge, was meinst du?«

Appleseed holte tief Luft. »Siebenundsiebzig Dollar und fünfunddreißig Cent«, stieß er hervor.

Mit der Wahl eines so krummen Betrags bewies er Originalität, denn der Durchschnittstipp war eine gerade runde Summe. Mr. Marshall wiederholte feierlich die Zahl, während er sie aufschrieb.

»Wann erfahr ich, ob ich gewonnen hab?«

»Heiligabend«, sagte jemand.

»Das ist morgen, stimmt's?«

»So ist es«, sagte Mr. Marshall, keineswegs überrascht. »Komm um vier Uhr her.«

Während der Nacht fiel das Thermometer noch tiefer, und gegen Morgengrauen gab es ein kurzes Gewitter wie im Sommer, so dass am Tag darauf alles klar und gefroren war. Das Städtchen sah aus wie eine Ansichtskarte aus dem hohen Norden, da Eiszapfen weißglitzernd an den Bäumen hingen und Eisblumen alle Fensterscheiben überzogen. Mr. R. C. Judkins stand früh auf und marschierte, ohne ersichtlichen Grund eine Tischglocke schwingend, durch die Straßen, wo er ab und zu stehen blieb, um sich einen kräftigen Schluck Whiskey aus der Halbliterflasche zu genehmigen, die er in der Gesäßtasche stecken hatte. Da der Tag windstill war, stieg der Rauch aus den Kaminen träge kerzengerade hinauf in den ruhigen, frostklaren Himmel. Am späten Vormittag zog der presbyterianische Chor bereits Weihnachtslieder singend von Haus zu Haus; und die Kinder (die Geistermasken trugen wie an Halloween) rannten im Kreis um den Platz herum und machten einen Riesenlärm.

Hamurabi kam gegen Mittag vorbei, um uns zu helfen, das Valhalla herzurichten. Er brachte einen großen Beutel Satsumas mit, und gemeinsam aßen wir sie bis zur letzten auf, warfen die Schalen in den gerade erst installierten Kanonenofen, der mitten im Raum stand und den sich Mr. Marshall selbst geschenkt hatte. Dann nahm mein Onkel die Flasche von der Theke, polierte sie und platzierte sie auf einem eigens aufgestellten Tisch. Danach war er überhaupt keine Hilfe mehr, denn er hockte sich auf einen Stuhl und verbrachte die ganze Zeit damit, eine geschmacklose grüne Schleife immer wieder neu um die Flasche zu binden. So mussten Hamurabi und ich den Rest alleine machen: Wir fegten den Boden und putzten die Spiegel und staubten die Vitrinen ab und hängten Girlanden aus rotem und grünem Krepppapier von Wand zu Wand. Als wir fertig waren, sah alles sehr schön und elegant aus.

Doch Hamurabi blickte bekümmert auf unser Werk und sagte: »Tja, ich glaube, ich sollte jetzt lieber gehen.«

»Willst du denn nicht hierbleiben?«, fragte Mr. Marshall entsetzt.

»Nein, o nein«, sagte Hamurabi und schüttelte bedächtig den Kopf. »Ich möchte nicht das Gesicht von dem Jungen sehen. Heute ist Weihnachten, und da will ich mich so richtig amüsieren. Und das könnte ich nicht, nicht mit so etwas auf dem Gewissen. Herrgott, es würde mir den Schlaf rauben.«

»Wie du meinst«, sagte Mr. Marshall. Er zuckte die Achseln, aber man merkte genau, dass er tief gekränkt war. »So ist das Leben – und außerdem, wer weiß, vielleicht gewinnt er ja.«

Hamurabi seufzte düster. »Was hat er getippt?«

»Siebenundsiebzig Dollar und fünfunddreißig Cent«, sagte ich.

»Ich frage euch, ist das nicht völlig absurd?«, sagte Hamurabi.

Er ließ sich neben Mr. Marshall auf einen Stuhl fallen und schlug die Beine übereinander und zündete sich eine Zigarette an. »Falls du Baby-Ruth-Schokoriegel führst, dann hätte ich jetzt gern einen; ich habe einen schlechten Geschmack im Mund.«

Während sich der Nachmittag dahinschleppte, saßen wir drei um den Tisch und waren furchtbar melancholisch. Kaum einer sagte mal ein Wort, und da die Kinder den Platz verlassen hatten, kam das einzige Geräusch von der Uhr, die auf dem Turm des Gerichtsgebäudes die Stunden schlug. Das Valhalla hatte noch geschlossen, aber ständig gingen Leute vorbei und spähten durchs Fenster herein. Um drei Uhr wies mich Mr. Marshall an, die Tür aufzuschließen.

Binnen zwanzig Minuten war der Raum gerammelt voll; jeder trug seinen Sonntagsstaat, und die Luft roch süßlich, da sich die meisten Mädchen aus der Seidenspinnerei mit Vanille-Essenz parfümiert hatten. Die Leute drückten sich an die Wände, hockten auf der Theke, quetschten sich wohin sie nur konnten; schon bald hatte sich die Menge auf den Bürgersteig ausgebreitet und auf die Straße erstreckt. Der Platz war von Pferdefuhrwerken und Model-T-Fords gesäumt, die Farmer und ihre Familien in die Stadt gekarrt hatten. Es gab viel Gelächter und Geschrei und Gehänsel – mehrere empörte Damen beschwerten sich über das Fluchen und die derben Rempeleien der jüngeren Männer, doch niemand ging. Am Seiteneingang hatte sich ein Grüppchen Farbiger versammelt und amüsierte sich königlich. Jeder genoss das Spektakel nach besten Kräften. Gewöhnlich ist es bei uns sehr ruhig: Eigentlich ist hier nie etwas los. Man kann mit Fug und Recht sagen, dass fast ganz Wachata County anwesend war, abgesehen von Gebrechlichen und Rufus McPherson. Ich hielt Ausschau nach Appleseed, sah ihn aber nirgends.

Mr. Marshall hüstelte und klatschte Aufmerksamkeit heischend in die Hände. Als sich alles beruhigt hatte und die Atmosphäre gebührend gespannt war, erhob er die Stimme wie ein Auktionator und rief: »Mal herhören alle, in diesem Umschlag, den ihr hier in meiner Hand seht« – er hielt einen braunen Briefumschlag in die Höhe – »also in dem ist die Antwort – die bis jetzt niemand kennt außer dem lieben Gott und der First National Bank, ha, ha. Und in diesem Buch« – er hielt mit der anderen Hand das Hauptbuch hoch – »habe ich aufgeschrieben, was jeder von euch geschätzt hat. Gibt's noch Fragen?« Alles schwieg. »Gut. Dann brauchen wir jetzt einen Freiwilligen …«

Keine Menschenseele rührte sich: Es war, als hätte eine ehrfürchtige Scheu die Menge ergriffen, und selbst die, die normalerweise geborene Angeber waren, scharrten verschämt mit den Füßen. Dann brüllte eine Stimme, die von Appleseed: »Lasst mich durch … Aus dem Weg, bitte, Ma'am.« In seinem Schlepptau folgten, während er sich nach vorn durchdrängte, Middy und ein schlaksiger, verschlafener Bursche, der offensichtlich der fiedelnde Bruder war. Appleseed war angezogen wie immer, doch sein Gesicht war rosig sauber geschrubbt, seine Stiefel waren gewienert, und sein Haar war mit Brillantine nach hinten an den Schädel geklebt. »Kommen wir zu spät?«, keuchte er.

Aber Mr. Marshall sagte: »Dann willst du also unser Freiwilliger sein?«

Appleseed blickte verdutzt drein und nickte dann heftig.

»Hat jemand Einwände gegen den jungen Mann?«

Noch immer herrschte Totenstille. Mr. Marshall reichte Appleseed den Umschlag, der ihn gelassen entgegennahm. Er kaute auf der Unterlippe herum und studierte ihn kurz, bevor er die Klappe aufriss.

In der ganzen versammelten Menge gab es keinen Laut bis auf ein gelegentliches Husten und das leise Klingeln von Mr. R. C. Judkins Tischglocke. Hamurabi lehnte an der Theke und starrte hinauf an die Decke; Middy blickte ihrem Bruder ausdruckslos über die Schulter, und als er den Umschlag aufzureißen begann, stieß sie einen kurzen gequälten Seufzer aus.

Appleseed zog ein rosarotes Blatt Papier heraus, das er hielt, als wäre es etwas Zerbrechliches, und murmelte vor sich hin, was darauf stand. Plötzlich wurde sein Gesicht blass, und Tränen schimmerten in seinen Augen.

»He, lass hören, Junge«, brüllte jemand.

Hamurabi trat vor und riss den Zettel geradezu an sich. Er räusperte sich und begann zu lesen, als sich plötzlich seine Miene grotesk verzog. »Heilige Mutter Gottes …«, sagte er.

»Lauter! Lauter!«, forderte ein aufgebrachter Chor.

»Alles Gauner!«, brüllte Mr. R. C. Judkins, der inzwischen einen in der Krone hatte. »Da ist doch was faul, das stinkt doch zum Himmel!« Woraufhin ein wahrer Sturm von Buhrufen und Pfiffen die Luft zerriss.

Appleseeds Bruder fuhr herum und drohte mit der Faust. »Maul halten, Maul halten, sag ich, sonst kriegt ihr was auf eure gottverdammten Schädel, dass ihr Beulen habt so groß wie Warzenmelonen, kapiert?«

»Mitbürger«, rief Bürgermeister Mawes, »Mitbürger … ich meine, es ist Weihnachten … ich meine …«

Und Mr. Marshall sprang auf einen Stuhl und klatschte und trampelte, bis ein Minimum an Ordnung wiederhergestellt war. Es sollte an dieser Stelle vielleicht angemerkt werden, dass wir später herausfanden, dass Mr. R. C. Judkins von Rufus

McPherson bezahlt worden war, damit er diesen Tumult auslöste. Jedenfalls war, als der Krawall erstickt war, kein anderer im Besitz besagten Zettels als ich … fragen Sie mich nicht, wieso.

Ohne zu überlegen brüllte ich: »Siebenundsiebzig Dollar und fünfunddreißig Cent.« Natürlich entging mir in der Aufregung zunächst die Bedeutung; es war bloß eine Zahl. Dann stieß Appleseeds Bruder einen Freudenschrei aus, und da begriff ich. Der Name des Siegers verbreitete sich schnell, und das ehrfürchtige, raunende Gewisper klang wie heftiger Regen.

Doch Appleseed selbst bot einen traurigen Anblick. Er heulte, als wäre er tödlich verletzt, aber als Hamurabi ihn sich auf die Schultern setzte, damit die Menge ihn deutlich sehen konnte, wischte er sich die Augen mit dem Pulloverärmel ab und begann zu grinsen. Mr. R. C. Judkins grölte: »Zigeuner! Dreckiger Zigeuner!«, wurde aber von einer ohrenbetäubenden Beifallsalve übertönt.

Middy packte meinen Arm. »Meine Zähne!«, kreischte sie. »Jetzt krieg ich meine Zähne!«

»Zähne?«, sagte ich verständnislos.

»Ein Gebiss«, sagt sie da. »Das wer'n wir uns von dem Geld kaufen – ein wunderschönes strahlend weißes Gebiss!«

Aber in dem Moment interessierte mich lediglich, wie Appleseed die richtige Zahl wissen konnte. »He, hör mal«, sagte ich verzweifelt, »hör mal, woher in aller Welt hat er gewusst, dass es exakt siebenundsiebzig Dollar und fünfunddreißig Cent sind?«

Middy sah mich komisch an. »Ich hab gedacht, er hat's dir gesagt«, sagte sie ganz ernst. »Er hat's gezählt.«

»Ja, schon, aber wie – wie?«

»Mann, weißt du nich', wie man zählt?«

»Und mehr hat er nicht gemacht?«

»Na ja«, sagte sie nach einer nachdenklichen Pause, »er hat auch noch gebetet.« Sie flitzte los, drehte sich dann noch einmal um und rief: »Außerdem ist er mit 'ner Glückshaube aufm Kopf geboren.«

Und näher kam nie jemand an des Rätsels Lösung heran. Wenn man Appleseed fortan fragte: »Wie?«, dann lächelte er nur sonderbar und wechselte das Thema. Viele Jahre später zogen er und seine Familie an irgendeinen Ort in Florida, und man hörte nie wieder von ihnen.

Aber in unserem Städtchen ranken sich noch immer Legenden um ihn; und Mr. Marshall wurde, bis zu seinem Tod im April vor einem Jahr, an jedem Weihnachtstag aufgefordert, die Geschichte von Appleseed in der baptistischen Bibelstunde vorzutragen. Hamurabi tippte einmal mit der Maschine einen Bericht und schickte ihn an verschiedene Zeitschriften. Er wurde nie abgedruckt. Ein einziger Redakteur antwortete, und der schrieb: »Wenn das kleine Mädchen tatsächlich ein Filmstar geworden ist, dann könnte an Ihrer Geschichte etwas dran sein.« Aber das ist nicht der Fall, also warum lügen?

Siegfried Lenz
Das Wunder von Striegeldorf

Vieles hat sich unter Weihnachten in Masuren ereignet, weniges
aber kommt an Merkwürdigkeit gleich jenem Vorfall, den mein
Großonkel, ein sonderbarer Mensch mit Namen Matuschitz,
auslöste. Ich möchte davon erzählen, auf jede Gefahr hin.

Heinrich Matuschitz, ein fingerfertiger Besenbinder, hatte sich
an einem fremden Motorrad vergangen und war für wert be-
funden, einzusitzen für ein halbes Jahr. Er saß zusammen mit
einem finsteren Menschen mit Namen Mulz, der ein alter Forstgehilfe war und dem die Wilddiebe, hol sie der Teufel, zwei
Frauen nacheinander von der ehelichen Seite fortgefrevelt hatten, woraufhin Otto Mulz in gewalttätigem Kummer den ganzen Striegeldorfer Forst anzündete.

Gut. Die Herren leisteten sich rechtschaffen Gesellschaft in ihrer Zelle, beobachteten die berühmten Striegeldorfer Sonnen-
untergänge, plauderten aus ihrem Leben, und derweil taten
Wochen und Monate das, wovon sie scheint's niemand abbringen kann: Sie strichen ins Land, rückten vor, diese Monate bis
zum Dezember, brachten Schnee mit, brachten Frost, bewirk-
ten, daß das schmucklose Gefängnis beheizt wurde, taten so,
was man von ihnen erwartet. Insbesondere aber brachten sie
näher gewisse Termine, und mit den niederen Terminen auch
den Obertermin sozusagen: den Heiligen Abend nämlich.

Nun fällt es einem Masuren schon schwer genug, auf die An-
nehmlichkeiten der Freiheit im Allgemeinen zu verzichten,
furchtbar aber wird es, wenn man ihn zu solchem Verzicht
auch am Heiligen Abend zwingt. Demgemäß wandte sich Heinrich Matuschitz, mein Großonkelchen, an seinen Zellenbruder, sprach ungefähr so: »Der Schnee, Otto Mulz«, so sprach

er, »kündigt liebliches Ereignis an. Nimmt man den Frost noch hinzu und das Gefühl im Innern, so muß der Heilige Abend nicht weit sein. Habe ich richtig gesprochen?«

»Richtig«, sagte der alte Forstgehilfe.

»Also«, stellte mein Großonkelchen befriedigt fest. Dann starrte er hinaus in den wirbelnden Flockenfall, sann, während er sich am Gitter festhielt, ein Weilchen nach, und nachdem ein neuer Gedanke ersonnen war, sprach er folgendermaßen: »Das Ereignis«, so sprach er, »das liebliche, es steht bevor. Jedes Wesen in Striegeldorf und Umgebung ist angehalten, sich zu freuen. Die Menschen sind angehalten, die Hasen, die Eichhörnchen, und schon gar nicht zu reden von den Kindern. Nur wir, Otto Mulz, sollen gebracht werden um unsere Freude. Weil sich aber jedes Wesen zu freuen hat an diesem Termin, müssen wir ersinnen einen Ausweg.«

»Man will uns«, sagte der alte Forstgehilfe, »die Freude stehlen.«

»Eben«, sagte Heinrich Matuschitz, mein Großonkel. »Aber wir werden uns, bevor es dazu kommt, die Freude besorgen, und zwar da, wo sie allein zu finden ist: in der Freiheit. Wir werden uns zum Heiligen Abend beurlauben.«

»Das ist, wie die Dinge liegen, gut gesagt«, sprach Mulz. »Nur wird der alte Schneppat uns nicht bewilligen solchen Urlaub zu Freude. Unter den Aufsehern, die ich kenne, ist Schneppat der Schlimmste. Man wird uns, schlickerdischlacker, gleich wieder schnappen, zumal durch meine persönliche Feuersbrunst verlorengegangen sind die schönsten Verstecke im Walde.« Bei diesen Worten wies er mit ordentlicher Bekümmerung auf die traurigen Baumstümpfe, die vom Striegeldorfer Forst nachgeblieben waren.

Das Großonkelchen indes gnidderte, das heißt, lachte versteckt, legte dem Otto Mulz einen Arm um die Schulter, winkte sich sein Ohr ganz nahe heran und sprach:

»Uns wird«, so sprach er, »überhaupt niemand vermissen, kein Schneppat und niemand. Denn wir werden zurücklassen unser Ebenbild. Wir werden hier sein und nicht hier.«

Was Otto Mulz dazu brachte, mein Großonkelchen zuerst erstaunt, dann mißtrauisch und schließlich mitfühlend anzusehen und nach einer Weile zu sagen:

»Manch einen, Heinrich Matuschitz, hat große Freude schon blöde gemacht. Denn erkläre mir, bitte schön, wie ein Mensch gleichzeitig sein kann bei dem lieblichen Ereignis in der Freiheit und hier in der Zelle.«

Obwohl diese Worte, man wird es zugeben, nicht unbedingt höflich waren, verlor das Großonkelchen weder Faden noch Geduld, sondern begann mit listigem Lächeln zu flüstern, und zwar flüsterte er dermaßen vorsichtig, daß nicht einmal etwas für diese Erzählung erlauscht werden konnte. Sicher ist nur, daß er dabei den Otto Mulz, sei es überredete, sei es überflüsterte, denn das finstere Gesicht des alten Forstgehilfen hellte sich auf, spiegelte Teilnahme, spiegelte Begeisterung, und zuletzt spiegelte es – na, sagen wir: Verklärung.

Und dann begab sich folgendes: Heinrich Matuschitz, mein Großonkel, aß kein Brot mehr – ebensowenig aß es sein Zellenbruder; und jede Ration wurde unter dem Bett versteckt, wurde gestreichelt und gehütet, während das liebliche Ereignis unaufhaltsam heraufzog.

Die einsitzenden Herren wurden, je näher das Ereignis kam, unruhiger, gespannter und flattriger, man plauderte nicht mehr aus dem Leben, fand keine Zeit zu müßiger Beobachtung, alles an ihnen war nur noch eingestellt in Richtung auf das Kommende und auf das, was zwischen ihnen geflüstert war.

Und eines Morgens, nachdem der Frost sie muntergekniffen hatte, erhob sich Heinrich Matuschitz und gab preis, was er so sorgfältig auch vor uns verborgen gehalten hatte; fingerfertig, wie mein Großonkelchen war, zog er das gesparte Brot unter dem Bett hervor, benetzte es auskömmlich und begann, weiß der Kuckuck, aus dem weichen Brot den Kopf des alten Forstgehilfen zu kneten. Walkte und knetete mit einem Geschick, daß sich dem Otto Mulz die Sprache versagte; zog eine Nase aus, das Großonkelchen, schnitt zwei Lippen in den Teig und alles haargenau nach dem Original des Forstgehilfen. Lachte dabei und sprach:

»Der wird«, sprach er, »Otto Mulz, genau wie du. Hoffentlich steckt er nur keinen Forst an.«

»Mir wird es«, sprach Mulz, »unheimlich zumute. Obwohl ich weiß, Heinrich Matuschitz, daß du manches kannst schnitzen mit deinem Messer, wußte ich doch nicht, daß du einen Striegeldorfer formen kannst nach seinem Ebenbild.«

Dann sah er atemlos zu, wie Ohr und Kinn entstanden, und zuletzt hielt er zitternd still, als ihm das Großonkelchen ein paar Haare absäbelte und sie an den Brotkopf klebte.

»Pschakret«, sagte der Forstgehilfe, »wenn ich schon früher so doppelt gewesen wäre, dann hätte einer von mir zu Hause bleiben können: die Wilddiebe hätten sich nicht rangetraut, die Frau wäre mir geblieben, ich hätte den Forst nicht angezündet und brauchte hier nicht zu sitzen. Wenn ich, pschakret, das alles gewußt hätte.«

Nachdem der Kopf des Forstgehilfen fertig war, fabrizierte mein Großonkelchen sich selbst, und weil das Brot nicht hinreichte, nahm er zur Ausbildung des Hinterkopfes einige Pfefferkuchen, die ihnen, da das liebliche Ereignis unmittelbar bevorstand, hereingeschoben worden waren.

Kaum war er fertig damit, als die Klappe in der Tür fiel und Schneppat, der kurzatmige Aufseher, hereinschaute zum Zweck der Kontrolle. Er schaute wichtigtuerisch, dieser Mensch, und zum Schlusse fragte er in seiner höhnischen Besorgtheit: »Na«, fragte er, »was wünschen sich die Herren zum Heiligen Abend?«

»Schlummer«, sagte mein Großonkelchen prompt. »Wir möchten bitten das Gesetz um langen, ungestörten Festtagsschlummer.«

»Könnt ihr haben«, sagte Schneppat. »Aber da ich nicht hier bin, werd' ich es Baginski sagen, dem Aufseher aus Sybba. Er löst mich ab für zwei Tage. Wer schlummert, sündigt nicht.«
Damit ließ er die Klappe herunter und empfahl sich.

Seine Schritte waren noch nicht verklungen, als Heinrich Matuschitz die Brotköpfe hervorholte, sie auf die Pritschen legte, die Decken kunstgerecht hochzog und überhaupt einen unwiderlegbaren Eindruck hervorrief von zwei Herren im Festtagsschlummer. Wehmütig standen sie vor ihren Ebenbildern, ergriffen sogar, und dann sagte das Großonkelchen vor seiner Büste:

»Ich grüße dich«, sagte er, »Heinrich Matuschitz auf der Pritsche. Gott segne deinen Schlummer.«
Etwas Ähnliches sprach auch der alte Forstgehilfe, und nachdem sie Abschied genommen hatten von sich selbst, hoben sie das Gitter ab und verschwanden durchs Fenster in Richtung auf das liebliche Ereignis.

Dies Ereignis: es wurde angesungen von den Zöglingen der Striegeldorfer Schule, wurde von Glöckchen verkündet, vom Geruch gebratener Gänse, und ehedem hatte sich an der Verkündung auch der Wind im Striegeldorfer Forst beteiligt.

Mein Großonkelchen und Otto Mulz, sie gingen mit sich zu Rate, wie sie das liebliche Ereignis ihrerseits am besten verkünden könnten, und nach schwerer Grübelarbeit beschlossen sie, es durch Gesang zu tun, mit den Zöglingen der Striegeldorfer Schule. Während des Gesanges schon wurden sie teilhaftig der Freude, obwohl die Oberlehrerin Klimschat, die das Singen befehligte, Mühe hatte, die Herren einzustimmen; bei jedem Mal, da sie die Stimmgabel anschlug, lauschte sie verwundert und sprach: »Mir kollert ein Tönchen nach dem andern von der Gabel runter.«

Na, aber da sie von mitfühlendem Wesen war, ließ sie die Herren singen, und nach dem Gesang gingen diese zu meinem Großonkelchen nach Hause, wo neue Freude bezogen wurde aus gebratenem Speck, aus geräuchertem Aal und, natürlich, aus dem lieblichen Schein der Talglichter. Bezogen so viel Freude, die Herren, daß sie in einen schönen Streit gerieten, was sie dazu bewegte, mit Ofenbänken aufeinander los zu gehen, sich unvergeßliche Schläge beizubringen und sich gegenseitig in die entferntesten Ecken zu schmeißen, wobei die Freude immer weiter stieg.

Als dem Otto Mulz eine Schulter ausgerenkt wurde, verfiel man wieder ins Singen, sang von dem lieblichen Ereignis, und nach abermaligem Essen suchten die Herren auf dem Fußboden nach einem Festtagstraum.

Träumten angenehm bis zum nächsten Tag, lächelten sich innig zu beim Erwachen und stellten fest, daß man nicht bestohlen worden war um rechtmäßige und zustehende Freude. Und nach solchen Versicherungen beschlossen sie zurückzukehren, in das ansprechende, wenn auch schmucklose Gefängnis, um unnötige Schwierigkeiten zu vermeiden.

Machten sich also auf, die beiden, und gelangten alsbald zum Ort ihrer Bestimmung, der bewacht wurde von dem Aufseher Baginski aus Sybba. Dieser Mensch jedoch, wachsam wie er war, entdeckte die Herren, als sie in der Dämmerung durchs Fenster steigen wollten, rief sie drohend an und kommandierte:

»Der Unfug«, befahl er, »hat an diesem Haus zu unterbleiben, zumal Weihnachten. Alle Personen zurück.«

Worauf mein Großonkelchen entgegnete: »Wir fordern nicht gerade, was recht, aber was billig ist. Wir gehören hierher. Wir sind, wenn ich so sagen darf, wohnberechtigt.«

Baginski lugte durch das Fenster, äugte eine ganze Zeit hinein, und dann sprach er:

»Die Betten, wie man sieht, sind besetzt. Die Herren schlummern. Da sie sich ausbedungen haben den Schlummer zum Festtag, hat jede Störung zu unterbleiben.«

»Ein Irrtum«, sagte Otto Mulz, dem die Kälte zuzusetzen begann. »Ein reiner Irrtum, Ludwig Baginski, die Herren, die da schlummern, sind wir.«

»Wir möchten«, ließ sich mein Großonkel vernehmen, »die Schlafenden nur austauschen gegen uns.«

Ludwig Baginski, der Aufseher, blickte düster, blickte zurechtweisend, schließlich sagte er: »Meine Augen«, so sagte er, »sie sehen, was nötig ist. Und hier ist nötig Ruhe für zwei schlummernde Herren. Also möchte ich bitten um das, was gebraucht wird zur Erhaltung des Schlummers: Stille nämlich.«

Stellte sich, weiß Gott, gleich ziemlich drohend auf, dieser Ludwig Baginski, und zwang die Herren abzuziehen. Nun, sie zogen davon bis zu den Baumstümpfen des ehemaligen Striegeldorfer Forstes, stellten sich zusammen und, da sie diesmal keinen Grund besaßen zu flüstern, vernahm man Otto Mulz folgendermaßen:

»Napoleon«, so vernahm man ihn, »hatte es schwer auf seinem Weg nach Rußland. Verglichen mit unserer Schwierigkeit, war seine ein Dreck.«

»Man müßte«, sagte Heinrich Matuschitz, »etwas ersinnen.«

»Mäuse«, sagte der alte Forstgehilfe. »Wir werfen Mäuse in das Zellchen, sie werden unsere Köpfe wegknabbern, und wenn wir nicht mehr da schlummern, wird man uns wieder reinlassen, und wir können in Ruhe abbrummen die letzten Wochen.«

»Auch die Mäuse, Otto Mulz, sind zu dieser Zeit angehalten zur Freude. Sie finden mehr als genug. Nein, wir müssen warten, bis Ludwig Baginski sich niederlegt zur Ruhe. Dann werden wir's noch einmal versuchen.«

Und das taten die Herren. Sie warteten frierend im ehemaligen Striegeldorfer Forst, und als die Stunde gut war und günstig, schlichen sie zum Gefängnis, stiegen diesmal unbemerkt ein, und waren gerade dabei, sich auf den Pritschen auszustrecken, als die Klappe in der Tür fiel und der Aufseher Baginski argwöhnisch hereinsah.

Es durchfuhr ihn, er grapschte in die Luft und taumelte zurück, und als die Benommenheit sich legte, rannte er nach dem Schlüssel, rannte zurück und schloß auf. Was er sah, waren zwei blinzelnde Herren, die auf ihren Pritschen lagen. Aber Baginski gab sich nicht zufrieden, respektierte keinen Schlummer und keinen Festtag, sagte stattdessen:

»Meine Augen, sie sehen, was zu sehen ist. Und sie haben in diesem Zellchen erblickt vier Herren, statt zwei. Demnach möchte ich bitten um Aufschluß über die zwei andern.«

»Wir haben, wie gewünscht, angenehm geschlummert«, sagte Mulz.

»Aber es waren vier, wie meine Augen gesehen haben.«

Darauf sammelte sich mein Großonkelchen und sprach: »Wenn ich mich, Ludwig Baginski, nicht irre, geschehen zu diesem Termin Wunder auf der ganzen Welt. Warum, bitte sehr, sollte Striegeldorf verschont bleiben von solchen Wundern? Besser, es geschieht ein Wunder als gar keins. Habe ich richtig gesprochen, Otto Mulz?«

»Richtig«, bestätigte der alte Forstgehilfe, und die Herren wickelten sich jeder in sein Deckchen und wünschten sich gute Nacht.

Axel Hacke
Als ich Jesus war

Noch zwei Wochen bis Weihnachten. Ich hatte in der Stadt et-was zu erledigen gehabt, auf dem Heimweg war ich über den Christkindlmarkt gegangen und hatte zufällig Bruno getroffen, meinen alten Freund. Wir hatten uns schon eine ganze Weile nicht mehr gesehen, tranken einen Glühwein zusammen, aßen eine Bratwurst und tranken noch einen Glühwein. In leicht ge-hobener Stimmung machte ich mich auf den Heimweg, nicht ohne noch an einem der Stände auf dem Rindermarkt eine hand-geschnitzte Christkindkrippe für unser Wohnzimmer zu kau-fen, wie Paola es mir aufgetragen hatte.

Ich nahm den Weg über den Färbergraben. An der Ecke Send-linger Straße, beim Kaufhaus Konen, saß ein Bettler auf dem Boden, vor sich einen Hut mit ein paar Münzen darin, neben sich ein paar Krücken.

Ich befand mich, wie gesagt, in beschwingter Stimmung, und so rief ich (weiß der Himmel, was mich dazu bewegte) dem Mann ein fröhliches »Steh auf und geh!« zu.

Wer beschreibt mein Erstaunen, als der Mensch sich sogleich aus den Decken wickelte, die seine Beine bedeckten, wie er sich mühsam auf die Knie drehte, langsam erhob, seine Krücken nahm, schließlich stand und dann aber diese Krücken von sich wegschob, sodass sie zu Boden fielen, einige wackelige Schritte machte, sich mit der linken Hand am Schaufenster abstützte, dies aber schon mehr aus Verwunderung denn aus Schwäche – und wie er dann, Schritt für Schritt sicherer werdend, die Send-linger Straße entlangging, stadtauswärts, die Richtung zur Asam-kirche nehmend.

Ich blieb eine Weile stehen, seltsam berührt, dann ging ich weiter, folgte dem Mann, verlor ihn aber aus den Augen, ging weiter, an der Asamkirche vorbei, erreichte schließlich die Metzgerei Murr. Ich betrat das Geschäft und postierte mich vor dem Kühlregal mit den Getränken. Lange betrachtete ich die Mineralwasserflaschen, dann machte ich eine unbestimmte Handbewegung in ihre Richtung.

Schlagartig färbte sich das Innere der Flaschen rot.

Ich nahm eine von ihnen und ging zur Kasse, um zu bezahlen. Die Verkäuferin betrachtete die Flasche geradezu fassungslos. Ich legte ihr die Hand auf die Schulter, um sie zu beruhigen, legte das Geld für die Flasche passend auf den Zahlteller und verließ den Laden. Von der Straße aus konnte ich sehen, wie die Kassiererin sich erhob, zum Getränkeregal ging und die Flaschen betrachtete. Sie rief einen Mann im weißen Kittel herbei, der ebenfalls staunend verharrte, dann eine Flasche nahm, sie öffnete und trank. Er rief etwas, aber ich konnte es nicht verstehen, ließ die Frau probieren, die aufgeregt zur Tür zeigte, in meine Richtung.

Ich machte mich davon, nicht ohne selbst einen Schluck aus der soeben erstandenen Flasche zu nehmen.

Ein perlender Lambrusco, ohne Zweifel, nichts Besonderes. Aber mit ein bisschen mehr Mühe, beim nächsten Mal …

Ich ging weiter, in Richtung meines Viertels, am Sendlinger Tor vorbei, Richtung Feuerwache. Ich merkte, dass mir einige Leute folgten, seit ich in dem Laden gewesen war, ja, ich glaubte sogar, den Bettler zu erkennen, auch einige Menschen, die schneller gingen und Handys in den Händen hielten, sei es, weil sie telefonierten, sei es, weil sie Fotos machen wollten.

Ich blieb kurz stehen, richtete meine Hände gen Himmel und sagte leise: »Schnee! Wind!«

Worauf sich sofort ein Schneesturm erhob, so stark, dass man nur in schräger Haltung gebeugt vorangehen konnte. Die Leute hinter mir verschwanden im dichten Flockenwirbel, und ich beeilte mich, nach Hause zu kommen und die am Christkindlmarkt gekaufte kleine Krippe an ihren Platz im Krippenhäuschen zu stellen, entschlossen, kein Wort über diese Angelegenheit zu verlieren.

Was ich auch nie getan habe, bis heute.

Marco Lodoli
Der Stuhl des Teufels

Diesen Sonntag gehen wir bei unserem Spaziergang von einem nicht allzu gebräuchlichen, andererseits aber auch nicht allzu seltenen Wort aus: Oxymoron. Dem Wörterbuch zufolge ist das Oxymoron »eine rhetorische Figur, die sich aus der Zusammenstellung zweier sich widersprechender Begriffe ergibt«. Nennen wir zum besseren Verständnis ein paar Beispiele: alter Knabe, bittersüß, beredtes Schweigen oder auch *festina lente*, ein lateinischer Ausdruck, der so viel bedeutet wie »Eile mit Weile«. Im Übrigen besteht für viele philosophische Richtungen die höchste Ebene der Erkenntnis eben darin, die Einheit der Gegensätze zu begreifen: was der Logik zufolge getrennt scheint – weiß und schwarz, Himmel und Erde, ich und die Welt –, erweist sich als in einem unauflösbaren Begriff vereint. Wir haben es mit dem Prinzip des Nichtdualismus zu tun: »Das, was der kleine Geist trennt, fügt der große zusammen«, heißt es im *Tao-te-king*. Und mit diesen vagen theoretischen Voraussetzungen begeben wir uns ins afrikanische Viertel, zur Piazza Elvio Callisto. Der hässliche kleine, von Wohnhäusern aus den fünfziger Jahren beherrschte Platz wird jedoch von niemandem so genannt, sondern heißt ganz einfach »Der Stuhl des Teufels«, und dieser Name steht in verblichenen Lettern auch auf einer Hauswand. Die unheimliche Bezeichnung rührt von einem Denkmal her, das sich mitten auf dem Platz befindet, einer römischen Ruine, die aussieht wie ein riesiger hohler Zahn. In der Dunkelheit ist das verfallene Relikt tatsächlich etwas unheimlich, und selbst wenn Beelzebub nicht seinen müden Hintern darauf platziert, ist es kein fröhlicher Anblick. Zu Weihnachten wird diese düstere Höhle jedoch von einem zarten Licht erhellt.

Die teuflische Grotte verwandelt sich in den Stall von Bethlehem und wird plötzlich von sämtlichen Krippenfiguren bevölkert, vom Jesuskind, von Maria und Joseph, dem Ochsen und dem Esel, den Hirten und den Schafen. Drei Engel hängen an einem Faden von der Decke, und auch die Heiligen Drei Könige sind schon da, mit ihren Kamelen und ihren kostbaren Gaben, obwohl sie eindeutig zu früh dran sind. Der Ort, wo man es am wenigsten erwartet hätte, der Stuhl des Teufels, beherbergt eine wunderschöne Krippe. Wir haben es mit einem wahren Oxymoron zu tun, Licht und Dunkel vermischen sich, und wie es so oft bei den Menschen der Fall ist, gehen neues Leben und die alten Sünden Hand in Hand.

Aus alter Zeit

Guy de Maupassant
Weihnachtsgeschichte

Doktor Bonenfant kramte in seinem Gedächtnis und sagte ein paarmal halblaut: »Eine Weihnachtserinnerung …? Eine Weihnachtserinnerung …?«
Und plötzlich rief er aus:
»Ja, natürlich, da fällt mir eine ein, noch dazu eine recht merkwürdige; eine phantastische Geschichte. Ich habe einem Wunder beigewohnt! Ja, meine Damen, einem Wunder, in der Weihnachtsnacht.
Es wundert Sie wohl, dass Sie mich, der völlig ungläubig ist, so reden hören. Und dabei ist es so: Ich habe ein Wunder miterlebt! Ich habe es mit angesehen, sage ich, gesehen, mit eigenen Augen gesehen, wirklich und wahrhaftig gesehen.
Hat es mich über die Maßen überrascht? Nicht eben; denn wenn ich auch nicht glaube, was Sie glauben, so glaube ich doch an den Glauben und weiß, dass er Berge zu versetzen vermag. Ich könnte Ihnen zahlreiche Beispiele dafür anführen; aber damit würde ich Ihren Unwillen erregen und mich überdies der Gefahr aussetzen, die Wirkung meiner Geschichte abzuschwächen.
Ich möchte Ihnen zunächst bekennen, dass ich, wenn ich auch durch das Geschehene weder überzeugt noch bekehrt, so doch tief davon angerührt worden bin, und ich will versuchen, Ihnen die Sache ganz naiv zu erzählen, als besäße ich die Leichtgläubigkeit eines Auvergnaten.
Ich war damals Landarzt und wohnte in dem Flecken Rolleville, mitten in der Normandie.
Der Winter in jenem Jahr war grauenhaft streng. Nach einer Woche Frost setzte Ende November Schneefall ein. In der Ferne

zogen von Norden her dicke Wolken heran; und das weiße Niederschweben der Flocken setzte ein.

Innerhalb einer Nacht war die ganze Ebene eingehüllt.

Die einsam in ihren Hofvierecken hinter den Schutzwänden hoher, reifgepuderter Bäume liegenden Bauernhäuser schienen unter der Häufung des dicken, leichten Schaums zu schlafen.

Über das reglose Land scholl kein Geräusch mehr. Nur die Krähenscharen beschrieben am Himmel lange Bogen, suchten vergeblich nach Fraß, ließen sich alle zugleich auf die fahlen Felder nieder und pickten mit ihren großen Schnäbeln in den Schnee.

Nichts war zu hören als das undeutliche, beständige Rieseln jenes gefrorenen Staubs, der nach wie vor niederfiel.

Das dauerte volle acht Tage; dann hörte der Schneesturz auf.

Die Erde trug einen fünf Fuß dicken Mantel auf dem Buckel.

Und danach dehnte sich dann drei Wochen lang tagsüber ein Himmel, der klar war wie ein blauer Kristall und nachts so mit Sternen übersät, dass man sie für Reif hätte halten können, so unerbittlich kalt wirkte die Raumesweite, die einförmige, hartgefrorene, schimmernde Fläche der Schneefelder.

Die Äcker, die Hecken, die die Höfe umstehenden Ulmen, alles mutete erstorben an, vom Frost getötet. Weder Menschen noch Tiere wagten sich noch aus den Häusern heraus: Nur die Schornsteine der in weiße Hemden gekleideten Hütten wiesen auf verborgenes Leben durch die dünnen Rauchfäden, die senkrecht in die eisige Luft stiegen.

Von Zeit zu Zeit war zu hören, wie die Bäume krachten, als wären ihre hölzernen Gliedmaßen unter der Rinde zerbrochen; und manchmal löste sich ein dicker Zweig und fiel herab, weil der unüberwindliche Frost den Saft hatte erstarren und die Fasern zerreißen lassen.

Die hier und dort über die Felder verstreuten Wohnstätten schienen an die hundert Meilen voneinander entfernt zu liegen.

Die Leute lebten, wie sie konnten. Ich war der Einzige, der sich hinauswagte, um meine nächstwohnenden Patienten aufzusuchen, wobei ich immerfort Gefahr lief, in irgendeinem Loch oder Graben unterzusinken.

Bald wurde ich mir gewahr, dass ein geheimnisvolles Entsetzen über dem Dorf schwebte. Eine solche Heimsuchung, so wurde geglaubt, gehe nicht mit rechten Dingen zu. Es wurde behauptet, nachts seien Stimmen zu hören, schrille Pfiffe, wandernde Schreie und Rufe.

Jene Schreie und Pfiffe rührten sicherlich von Zugvögeln her, die um die Dämmerung auf die Reise gingen und in Schwärmen gen Süden zogen. Aber was hilft es, Leuten, die den Kopf verloren haben, Vernunft zu predigen! In sämtliche Hirne hatte sich Furcht eingenistet, und alles war auf ein ungewöhnliches Geschehnis gefasst.

Die Schmiede des alten Vatinel lag am Ende des Weilers Epivent an der großen Landstraße, die jetzt nicht mehr zu sehen und unbefahren und unbegangen war. Da den Leuten nun aber das Brot ausging, entschloss sich der Schmied, ins Dorf zu gehen. Da blieb er so etwa sechs Stunden und plauderte in den sechs Häusern, die den Kern des Dorfes bildeten, nahm sein Brot und Neuigkeiten in Empfang und verleibte sich auch einiges von der über der Gegend lagernden Furcht ein.

Und dann machte er sich vor Dunkelwerden auf den Heimweg.

Als er an einer Hecke entlangging, glaubte er plötzlich im Schnee ein Ei liegen zu sehen; tatsächlich, ein dort hingelegtes Ei; es war ganz weiß wie die übrige Welt. Er beugte sich nieder; es war tatsächlich ein Ei. Wo mochte es herkommen? Welches Huhn hatte aus dem Stall auskneifen und es an dieser Stelle legen können? Der Schmied staunte; die Sache war ihm unbegreiflich; doch er nahm das Ei an sich und brachte es seiner Frau mit.

›Da, Frau, ein Ei! Hab' ich unterwegs auf der Landstraße gefunden.‹

Die Frau schüttelte den Kopf:

›Ein Ei auf der Landstraße? Bei diesem Wetter? Du bist wohl besoffen?‹

›Ach was, Frau, es hat sogar unten an einer Hecke gelegen und ist noch dazu ganz warm gewesen, nicht gefroren. Da hast du es, ich habe es mir an den Magen gehalten, damit es nicht einfror. Du kannst es zu Abend essen.‹

Das Ei wurde in den Topf getan, in dem die Suppe leise brodelte, und der Schmied fing zu erzählen an, was so in der Gegend geredet werde.

Die Frau hörte zu und war dabei ganz blass.

›Ganz bestimmt, ich habe neulich nachts ebenfalls Pfeifen gehört; es schien sogar aus dem Kamin zu kommen.‹

Dann setzten sie sich an den Tisch und aßen zunächst die Suppe, und während der Mann sich Butter auf die Brotschnitten strich, langte die Frau sich das Ei und musterte es mit misstrauischen Blicken.

›Wenn nun was in dem Ei drin wäre?‹

›Was soll denn drin sein?‹

›Wie kann *ich* das wissen?‹

›Dann iss es doch, sei nicht so blöd.‹

Sie klopfte das Ei auf. Es war wie alle Eier, und noch dazu ganz frisch.

Sie machte sich zögernd daran, es zu essen; erst kostete sie davon, stellte es wieder hin, nahm es sich abermals vor. Der Mann fragte:

›Na, wonach schmeckt es denn, das Ei?‹

Sie gab keine Antwort und aß es zu Ende; dann jedoch starrte sie plötzlich ihren Mann aus verstörten, wie närrisch wirkenden Augen an, hob die Arme, rang sie, wurde von Kopf bis Füßen von Zuckungen geschüttelt, rollte zu Boden und stieß entsetzliche Schreie aus.

Die ganze Nacht hindurch wand sie sich in furchtbaren Krämpfen, ein erschreckender Schüttelfrost durchrüttelte sie; ihr Gesicht war von abscheulichen Verzerrungen entstellt. Der Schmied war nicht länger imstande, sie festzuhalten; er musste sie fesseln.

Und sie heulte pausenlos mit unermüdlicher Stimme: ›Ich habe ihn im Leibe! Ich habe ihn im Leibe!‹

Am nächsten Morgen wurde ich zu ihr gerufen. Ich verschrieb alle bekannten Beruhigungsmittel, erreichte damit aber nicht das mindeste. Sie war wahnsinnig geworden.

Da lief trotz des hindernden hohen Schnees mit unglaubwürdiger Schnelligkeit die seltsame Nachricht von Hof zu Hof: ›Die Frau vom Schmied ist besessen!‹ Und von überall her kamen sie herbei, wagten sich indessen nicht in das Haus hinein; von weitem waren die grausigen Schreie der Frau zu hören; sie wurden mit so lauter Stimme hervorgestoßen, wie man sie keinem menschlichen Wesen zugetraut hätte.

Der Dorfpfarrer wurde benachrichtigt. Es war ein alter, gutgläubiger Priester. Er kam im Chorhemd, als wolle er einem Sterbenden beistehen, und sprach mit vorgestreckten Händen die bei Teufelsaustreibungen angewandten Formeln; vier Männer hielten währenddessen die schäumende, sich windende Frau auf dem Bett fest.

Aber der böse Geist wurde mitnichten verjagt.

Und so rückte Weihnachten heran, ohne dass das Wetter sich geändert hätte.

Am Morgen des Heiligen Abends kam der Priester zu mir: ›Ich möchte nur zu gern‹, sagte er, ›dass die arme Frau heute Nacht der Messe beiwohnt. Vielleicht tut Gott an ihr ein Wunder in der Stunde, da er selber von einem Weibe geboren worden ist.‹

Ich antwortete dem Geistlichen: ›Ich stimme Ihnen voll und ganz zu, Herr Abbé. Wenn die heilige Feier in ihren Geist eindringt (und nichts ist besser geeignet, sie zu erschüttern), dann kann sie vielleicht ohne andere Medikamente wieder gesund werden.‹

Der alte Priester sagte leise:

›Sie sind zwar nicht gläubig, Herr Doktor, aber Sie helfen mir doch, nicht wahr? Sie nehmen es auf sich, sie in die Kirche zu bringen?‹

Und ich versprach ihm meine Hilfe.

Es wurde Abend, dann Nacht; und die Kirchenglocke fing zu läuten an und ließ ihre klagende Stimme durch die stumpfe Leere hallen, über die weiße, eisige Schneefläche.

Dunkle Gestalten kamen langsam heran, in Gruppen, dem ehernen Ruf des Glockenturms gehorsam. Der volle Mond bestrahlte mit starkem, bleiernem Licht die ganze Weite und machte die bleiche Trostlosigkeit der Felder noch deutlicher wahrnehmbar.

Ich hatte mir vier handfeste Männer geholt und ging zur Schmiede.

Die Besessene war auf ihrer Lagerstatt festgebunden und heulte noch immer. Trotz ihres verzweifelten Widerstrebens wurde sie sauber angezogen und weggetragen.

Die Kirche war jetzt erleuchtet, kalt und voller Menschen; die Sänger stießen ihre monotonen Tonfolgen hervor; der Serpent schnarrte; das Glöckchen des Ministranten klingelte und regelte die Bewegungen der Gläubigen.

Ich sperrte die Frau und ihre Hüter in die Küche des Pfarrhauses ein und wartete den Augenblick ab, den ich für günstig hielt.

Ich hatte an den der Kommunion folgenden gedacht. Alle Bauern, Männer und Frauen, hatten ihren Gott empfangen, um seine Strenge zu erweichen. Tiefe Stille herrschte, während der Priester das göttliche Geheimnis vollendete.

Auf meine Weisung hin wurde die Tür geöffnet, und meine vier Helfer brachten die Wahnsinnige herein.

Sobald sie die Lichter wahrnahm, die kniende Menge, den strahlend erhellten Chor und das vergoldete Tabernakel, sträubte sie sich mit einer solchen Kraft, dass sie uns beinahe entwischt wäre, und stieß dabei so schrille Schreie aus, dass ein Schauer des Entsetzens die Kirche durchrann; alle Köpfe hoben sich; manche Leute liefen davon.

Sie sah kaum noch aus wie eine Frau; sie hatte sich in unsern Händen verkrümmt und verrenkt; ihr Gesicht war verzerrt, in den Augen der helle Irrsinn.

Sie wurde bis an die Chorstufen gezerrt und dort kräftig zu Boden gedrückt.

Der Priester war aufgestanden und hatte gewartet. Sobald er sah, dass sie sich nicht mehr rühren konnte, nahm er die mit goldenen Strahlen umgebene Monstranz mit der weißen Hostie in der Mitte zur Hand, trat ein paar Schritte vor, hob sie mit beiden ausgestreckten Armen hoch über seinen Kopf und bot sie den verwirrten Blicken der vom Teufel Besessenen dar.

Sie heulte nach wie vor, die starren Augen auf die strahlende Monstranz gerichtet.

Und der Priester stand so reglos da, dass man ihn für ein Bildwerk hätte halten können.

Und das dauerte lange, lange.

Die Frau schien von Furcht ergriffen; es war, als sei sie in einem Bann befangen; sie schaute starr auf die Monstranz; noch immer durchrüttelten sie entsetzliche Zuckungen, aber nur dann und wann; sie schrie noch immer; doch ihre Stimme klang nicht mehr so gellend.

Und auch das dauerte noch lange.

Es war, als könne sie den Blick nie wieder senken, als sei er unlöslich mit der Hostie verbunden; jetzt ächzte sie nur noch; ihr steifer Körper erschlaffte, sank weich in sich zusammen.

Alle knieten und neigten die Stirn zu Boden.

Jetzt senkte die Besessene rasch die Lider, dann hob sie sie wieder, als sei sie außerstande, den Anblick ihres Gottes zu ertragen. Sie war verstummt. Und dann nahm ich plötzlich wahr, dass ihre Augen geschlossen blieben. Sie schlief den Schlaf der Nachtwandlerinnen; sie war hypnotisiert, Verzeihung: besiegt durch das beständige Anschauen der Monstranz mit den goldenen Strahlen, zu Boden geschmettert durch den siegenden Christus.

Ohne ein Lebenszeichen zu bekunden, wurde sie weggetragen; der Priester stieg wieder zum Altar hinauf.

Die tief erschütterte Gemeinde stimmte ein Tedeum an.

Und die Frau des Schmieds schlief ununterbrochen vierzig Stunden lang; als sie danach aufwachte, hatte sie keinerlei Erinnerung an ihre Besessenheit und ihre Befreiung mehr.

Das, meine Damen, ist das Wunder, dem ich beigewohnt habe.«

Doktor Bonenfant schwieg; dann sagte er noch leicht verärgert:

»Ich habe nicht umhinkönnen, es schriftlich zu bestätigen.«

Emilia Pardo Bazán
Des Spielers Weihnachtsabend

Ich war dem Laster des Spiels verfallen. – Wenn ich Laster sage, muss ich darauf hinweisen, dass ich es nicht für ein Laster hielt und ebenso wenig verstand, wie das Gesetz es verbieten konnte, ohne gegen das unbestreitbare Recht des Menschen zu verstoßen, sein Gut zu verlieren, wie er es gewonnen hat. »Sein Eigentum darf man verwenden und verschwenden«, wiederholte ich verächtlich, der Ratschläge eines furchtsamen Freundes spottend.

Trotz meiner Geringschätzung für jene vorherrschende Haltung sorgte ich mit allen Mitteln dafür, daß man in meinem Haus nicht von meiner heftigen Neigung erfuhr. Unsterblich verliebt hatte ich ein reizendes Mädchen namens Ventura geheiratet; unsere Verbindung wurde noch inniger durch das süße Liebespfand eines Kindes, das noch nicht allein in meine Arme laufen konnte, wenn ich es rief; und um meiner Gattin Angst und Kummer zu ersparen, verbarg ich meine Leidenschaft wie ein Verbrechen und rang mir jede Stunde ab, in der ich ihr nachging. Dieselben Vorsichtsmaßnahmen, die ich beachten würde, wenn ich meiner Frau eine Rivalin an die Seite stellte, hielt ich ein, um mich ins Kasino und zu anderen Stätten zu begeben, an denen man bei einem Kartenspiel Taschen voller Gold riskiert; ich erfand die verschiedensten Ausreden – Börsengeschäfte, Treffen mit befreundeten Politikern, Krankenbesuche, Einladungen, denen ich nachgehen musste, um meine Abwesenheit zu beschönigen, und fand immer irgendeine Erklärung für meine Aufregung, meine Blässe, meine Schlaflosigkeit, meine jähe Freude, meine Niedergeschlagenheit, für die Unbeständigkeit meines Nervensystems, das von der vielleicht stärksten und tiefsten aller menschlichen Emotionen erschüttert wurde.

Seit geraumer Zeit verfügte ich nur noch über das, was ich dem Spiel abhandelte. Besitzer eines mittleren Vermögens hatte ich meine Ländereien nach und nach veräußert, um die Verluste abzudecken. Dann kam eine lange Glücksphase, doch ich investierte die Gewinne in kurzfristige Wertpapiere, an denen die letzten Flauten bereits schmerzlich nagten. Von alldem merkte meine Ventura nichts, denn wie fast alle Frauen empfing sie das Geld aus den Händen ihres Gatten, ohne nach seinem Ursprung zu fragen. Meiner Zuneigung sicher, untätig und glücklich in ihrem Heim, fiel ihr nicht ein und verlangte ihr vielleicht auch gar nicht danach, sich nach dem Stand unseres Vermögens zu erkundigen. War das Glück mir hold, brachte ich ihr kostbare Schmuckstücke mit und kaufte ihr schöne Kleider; in schwierigen Momenten genügte eine Andeutung von mir, damit sie mit instinktiver Komplizenschaft die Ausgaben einschränkte und Zahlungen aufschob. Doch während mir meine Gattin kein Kopfzerbrechen bereitete und es mir höchst einfach erschien, sie abzulenken, flößte ein anderes Mitglied der Familie mir sagloses Unbehagen ein.

Es war dies Venturas älterer Bruder, mein Schwager Bernardo, ein Mann von wachem, scharfem Verstand und hitzigem Temperament, den unbekannter Gram, vielleicht schmerzliche Enttäuschungen, dazu bewegt hatten, in den Priesterstand zu treten. Bernardo übte sein Amt in glühendem Eifer aus, mit einer gierigen Opferbereitschaft, die an ihm zehrte, seinen Körper aufbrauchte und eine unauslöschliche Flamme in seinen blauen Augen entzündete. Wenn sich diese Augen auf mich richteten, ließen sie Misstrauen und Strenge erahnen. Zweiffellos roch der selbstlose Heilige, der sich so bedingungslos dem Guten verschrieben hatte, an mir den Egoismus und die ungezügelte

Leidenschaft, die meine Lider mit fahlen Schatten umzog und meine Hand fiebrig zittern ließ, wenn sie die seine schüttelte. Ein unwohles Gefühl, eine Beklemmung, wie jemand sie empfinden könnte, der auf der sonntäglichen Promenade der hellen Sonne mit schmutzigen Kleidern trotzt, befiel mich, wenn ich Bernardo von Angesicht zu Angesicht begegnete. Dieser, der außerhalb von Madrid wohnte und unentwegt von wohltätigen Unternehmungen, Heimgründungen und karitativen Organisationen vereinnahmt war, besuchte uns nur zweimal im Jahr: zu Ostern und an Weihnachten.

Nun näherte sich gerade diese feierliche Zeit des Jahres, als sich das Glück, meinem Griff bereits entwunden, zornig gegen mich kehrte. Eine Pechsträhne erfasste mich, so hart und unbarmherzig, dass all meine Hoffnungen zunichtegemacht wurden. Meine ausgefeiltesten Strategien misslangen; meine Geschicklichkeit versagte, meine Intuition verriet mich, und die Karte, die ich zog, wurde zu meinem Verhängnis. Auf Revanche versessen, stürzte ich mit blinder Wut in mein Verderben und erschöpfte all meine Mittel, der Zukunft trotzig die Stirn bietend. Die Ahnung, auf eine Katastrophe zuzusteuern, verdoppelte meine verzweifelte Energie. Gegen mein Wort bereits eine hohe Summe schuldig, suchte ich einen Wucherer auf – den schäbigsten und gewissenlosesten – und übergab mich ohne zu zögern, wie jemand, der mit geschlossenen Augen in den Abgrund springt, seinen Krallen, unterschrieb, was immer er verlangte, versetzte meine Ehre im Tausch gegen die sofortige Verfügung über den Betrag, den ich benötigte, um meine Schulden beim Kasino zu bezahlen und zu einem überragenden Schlag auszuholen. Ich war entschlossen, den Tag nicht anbrechen zu lassen, an dem ich Ventura gestehen müsste, dass uns nicht nur Not, sondern auch Schande erwarteten. Manchmal kam mir zwar der Gedanke, ihr zu sagen: »Siehst du, ich war ein Geschäftsmann; ich habe Konkurs gemacht; wir müssen uns damit abfinden und arbeiten.« – Doch im selben Moment erkannte ich, wie unmöglich, ja absurd es wäre, das Ergebnis meiner Zügellosigkeit als *Konkurs* zu bezeichnen. Wenn ich meiner Frau zu Füßen fiele und ihr die Wahrheit eröffnete, müsste ich um Vergebung bitten, wie es dem obliegt, der in seiner Pflicht versagt hat. Um dann zu sterben, denn der Tod erschien mir als der einzige Ausweg aus diesem fürchterlichen Konflikt. In solchen Augenblicken war es mir leuchtend klar, dass der Tod die notwendige und natürliche Konsequenz meiner Auffassung des Lebens war und dass dem Recht zu spielen das Recht entsprach, sich selbst ein Ende zu setzen: beides verschmolz zu einem … »Verwenden und verschwenden« … Und furchtlos sterben.

Mit diesen Überlegungen kam ich am Nachmittag des 24. Dezembers nach Hause, in der Tasche den beim Wucherer erstandenen Betrag. Kaum hatte ich den Vorraum betreten, fühlte ich, wie Arme sich gleichzeitig um meinen Hals und meine Beine schlangen. Die erste Umarmung war die der liebenden Frau, die ihr Gesicht mit zärtlicher Freude an meines legte; die zweite … Wer sonst kann schon unterhalb der Knie umarmen, wenn nicht der Kleine, der Winzling, der sich in seinen ersten Schritten übt und sich noch an allem festhalten muss, um nicht auf die Nase zu fallen? Es zerriss mir das Herz; ich spürte, wie mir die Tränen in die Augen stiegen; brüsk machte ich mich los, um mir nichts anmerken zu lassen, und rief:

»Was ist denn los? Warum die Aufregung?«

»Bernardo ist angekommen«, antwortete Ventura, erstaunt über meine Schroffheit.

»Onkel Nado«, ahmte mein Kleiner nach und begleitete seine Drolligkeit mit sprudelndem Gelächter.

»Dann nimm das hier«, sagte ich zu meiner Frau und gab ihr eine Handvoll Banknoten, »und bereite ein Abendessen vor, aber ein richtiges Festessen nach meinem Geschmack … und jetzt lass mich allein, mein Herz, ich werde mich ein wenig ausruhen. Ich habe Kopfschmerzen und will sehen, dass es mir heute Abend besser geht, damit ich mich mit Bernardo unterhalten kann.«

Ventura tat, was ich sagte, und ich schloss mich ein, um eine Art Testament und Abschiedsbrief zu schreiben. Meine Zähne klapperten; ich vollendete die Aufgabe, überprüfte meine Pistolen, lud sie, warf mich aufs Sofa und rauchte nervös eine Zigarette nach der anderen, bis Ventura umsichtig kam, um mich zum Abendessen zu bitten.

Es war noch früh, denn das Kind durfte an einem Abend wie diesem am Tisch nicht fehlen, und seine Mutter ließ es nur ungern lange aufbleiben. Wir gingen ins Speisezimmer, das Kerzen in sanftes Rot tauchten und dem die weißen Tischdecken und das Glitzern von Kristall und Silber eine heitere Festlichkeit verliehen.

Die Mandelsuppe dampfte verlockend, und ihr Duft ließ Köstliches erahnen; seltene Früchte türmten sich in der Mitte des Tisches, von einem mit trockenen Rosen umrahmten Spiegel reflektiert; in den Gläsern lachte schon der gelbe Sauterne, und meine Frau, herausgeputzt, adrett, lächelnd, mit dunklen Locken und erröteten Wangen, trat zu mir und flüsterte mir mit liebkosender Stimme zu:

»Willst du nicht unseren Gast begrüßen? Hier ist er.«

Ich umarmte Bernardo, und wir begannen mit dem Abendessen, das zu Beginn von den spaßigen Einfällen des Kleinen und vom Charme Venturas belebt wurde, deren Frisur ich unbedingt bewundern musste und die so entschlossen war, mich zu erobern, dass sie sogar ihren kleinen Fuß auf meinen presste. Trotzdem begann die Konversation bald zu stocken; es war unschwer zu merken, dass Bernardo und ich unseren Gedanken nachhingen. Auf die besorgten Fragen meiner Frau hin schob ich Müdigkeit und Migräne vor, aber Bernardo mit seinen funkelnden blauen Augen erklärte kategorisch:

»Dein Mann mag haben, was auch immer ihm beliebt, und uns nicht mitteilen wollen, warum er wie ein Sträfling wirkt, dem man gerade sein Urteil verlesen hat; aber was mich betrifft …, mich siehst du so …, weil ich mich schäme, so gut zu essen, mit Lachs und Austern, Langusten und alten Weinen, und nichts den bedürftigen Familien geben zu können, wenn schon nicht solch lukullische Festmahle, so doch wenigstens Brot für die Feiertage, Feuer für den Ofen und Kleider zum Wärmen. Der Apostel lehrte uns, dass die Christen sich einschließen sollen, wenn sie üppig speisen. Wir essen uns hier mit den köstlichsten Dingen satt, stoßen mit Champagner an …, den ich noch gut von anderen Gelegenheiten kenne … Cliquot!, während die Armen … Ich kann es nicht ändern, und ihr könnt es auch nicht; aber in mir drinnen weint ein Winkel meiner Seele. Wie kann das sein! Ich kann nichts dagegen tun!«

Noch während der Priester dies sprach, durchfuhr ein Geistesblitz meine Gedanken; so unvermittelt, dass mir weder Zeit blieb, darüber nachzudenken, noch die Wirkung abzuschätzen, die meine Worte auf Bernardo haben würden. Ich stand auf, füllte ein Glas mit Champagner, der kalt wie Schnee bereits in der geschliffenen Kristallkaraffe schimmerte, reichte es Bernardo und rief bedeutungsvoll aus:

»Dann stoß mit mir an … oder bete, damit der Plan gelingt, den ich habe … Hat er Erfolg, ist dir das Brot für einige Familien sicher.«

Bernardo griff nach seinem Glas, doch bevor er es erhob, richtete er seine fesselnden Pupillen auf mich. Es schien mir, als durchleuchte er mein Gehirn, erforsche mein Bewusstsein und lese in mir wie in einem offenen Buch.

Dann hob er mit jäher Entschlossenheit sein Glas, führte es zu meinem, stieß an und erklärte majestätisch:

»Jetzt stoße ich an …, beten werde ich später. Ich wünsche mir, dass dein Plan gelingt …, aber nur ein einziges Mal, hast du mich verstanden? Ein einziges Mal.«

Ich sah den Pakt als geschlossen an. Mit dem Aberglauben des Spielers hatte ich alles versucht, Zigeunerinnen und spiritistische Medien, Amulette und kindische Beschwörungsformeln … alles, außer Gott mit dem Köder der Wohltätigkeit zu locken, mit dem Versprechen, meine Gewinne mit dem höchsten Richter zu teilen, mit Ihm, dessen Vorsehung dem blinden Zufall als unsichtbarer Führer dient. Den Himmel auf meine Seite bringen! Ja, denn der Himmel konnte auch nicht *wollen*, dass ich meine letzte und endgültige Entscheidung ausführte, die einzige, die den teuflischen Knoten meines Schicksals endgültig zerschneiden würde …

Und so endete das Abendessen; ich stand auf und entschuldigte mich unter einem Vorwand, ließ eine schlechtgelaunte Ventura und einen nachdenklichen Bernardo zurück, während ich eilig hinausging, um zu spielen, schon nicht mehr um Geld, sondern um Ehre und Leben, das Leben, das mir in jenem Augenblick so verführerisch erschien, so würdig, gelebt zu werden, umgeben von der Hingabe einer liebenden Frau und dem strahlenden Lächeln eines kleinen Engels, der meines Schutzes bedurfte, meiner Hilfe beim Laufen, wenn er meine Beine umschlang …

Auf der Straße war großer Tumult, fröhliches Trommeln und Gitarrenzupfen; aus den Häusern drang Licht, das von der Zusammenkunft der Lieben zum trauten Feste sprach; und während der Wagen, den ich vor meiner Tür genommen hatte, zum Kasino rollte, dachte ich: »Wenn ich versage, ist dies mein letzter Weihnachtsabend.«

Kennt ihr das, was man unvorstellbares, wahnsinniges, hemmungsloses Glück nennt? Denn genau das war es, was ich vom ersten Augenblick an hatte. Es blieben genug Stunden zum Spielen, und der harte Kern war dort, mit voller Börse und solidem Kredit. Ohne ihnen auch nur eine Atempause zu gönnen, überrollte ich sie; ich erinnere mich nicht, jemals so eine Glückssträhne gehabt zu haben: es war, als sähe ich wie durch eine Eingebung die Karten voraus, die kommen würden, oder als diktiere eine unsichtbare Hand meinen Einsatz. Und als bemühe sich Gott, den Pakt einzuhalten, nahm mein Glück noch zu, nachdem es Mitternacht geschlagen hatte.

Nach Hause zurückgekehrt, ging ich in Bernardos Zimmer. Der Priester war noch wach; zweifellos erwartete er mich.

»Leg dich ruhig hin«, sagte ich, »und schlafe gut, morgen kannst du deinen armen Familien ihr Weihnachtsbrot bringen.«

In dem ausdrucksvollen Gesicht des Geistlichen sah ich Zeichen von Angst und Bestürzung. Er wusste genau, wo das Geld herkam, das ich ihm in Erfüllung des Handels bot, und sein Gewissen kämpfte mit seiner Leidenschaft, Gutes zu tun, Kummer zu stillen, Tränen zu trocknen. Geschwächt gab er sich schließlich seinem tiefen Wunsch geschlagen, und von einem inneren Beben ergriffen, das seine sonst so durchdringende Stimme heiser klingen ließ, umfasste er meine Hände und murmelte:

»Ich nehme es an …, einverstanden … Nur – denke daran …, die Bedingung …«

»Heute war das letzte Mal – mein Ehrenwort«, antwortete ich, seiner Bitte zuvorkommend.

Ich weiß nicht, ob ihr mir glaubt, aber seit diesem Weihnachtsabend habe ich nicht mehr gespielt. Am Anfang verkrampften sich meine Finger und mir wurde schwarz vor Augen in dem

Verlangen, die bitteren Freuden des Spiels erneut zu kosten; dann kam nach und nach die Ruhe; das Vergessen jedoch nie! Ich habe verhandelt, ein Vermögen eingebracht und gelernt, dass ich es verwenden, aber nicht verschwenden kann. Ich weiß, dass ich nur der Verwalter bin. Der Eigentümer sitzt dort oben.

Ramón Gómez de la Serna
Weihnacht

Es war Heiligabend, und im Inneren des Findelhauses sangen die Kinder an der von den Nonnen gebastelten Krippe lauthals Weihnachtslieder. Um Mitternacht begann eine Nonne die roten, rosafarbenen, blauen und gelben Kerzen mit jener getragenen Feierlichkeit anzuzünden, mit der man die Kronleuchter der Kirche anzündet.

Die an der Pforte wartende Schwester dachte wehmütig an die Krippen ihrer Kindheit zurück, und ihre Augen füllten sich mit kleinen Lichtchen. Da erklang die Glocke, die ankündigte, dass jemand ein Kind ins Drehfenster gelegt hatte. Sie schwenkte das Gitter und sah ein Neugeborenes vor sich, von dem ein Lichtschein ausging wie von einem Glühwürmchen. Sie wagte nicht, es zu berühren und holte eilig, so als müsste sie ein Feuer melden, die Oberin.

Mit ihr zurückgekehrt, wurden beide vom Glanz geblendet. Wer war dieses Kind der Liebe, das so ein Strahlen verbreitete? Die Feierlichkeit der Nacht und die Stunde hätten eine Vermutung nahegelegt, doch verwarfen sie diese als möglicherweise gotteslästerlich und als ein Werk des Teufels. Der Bischof wurde geholt, und gemeinsam beschlossen sie, das von einem Leuchten umgebene Kind zu verbergen, um ein Schisma zu verhindern.

G. Lenotre
Vom Himmel gefallen

Die alten Damen von einst waren anders als die von heutzutage. Die Gräfin Cherizet, deren ehrwürdige und bezaubernde Gestalt mir aus meinen frühesten Kindheitserinnerungen gegenwärtig ist, zählte schon gut ihre achtzig Jahre, als ich, damals noch ein ganz kleiner Junge, sie zu sehen bekam. Sie war zugleich tätig und still, in sich gekehrt und munter: ihre oft heiter, nur manchmal ernst blickenden schönen Augen hielt sie häufig geschlossen, als wolle sie, ohne sich durch die Dinge der Gegenwart zerstreuen zu lassen, in einer Art zärtlicher Verzücktheit die langen Tage ihres vergangenen Glücks an sich vorüberziehen lassen. Sie hatte keine Zähne in ihrem Mund, aber eine faltenlose Stirn; drei Reihen von Ringellocken aus grauem Haar hingen ihr um jede Wange; ihre Hände waren noch zart und weiß, und sie zeigte in ihrem Gehaben jene schwer zu beschreibende heitere Gelassenheit alter Menschen, denen im Leben großes Glück widerfahren ist und die überzeugt sind, dass sie bis zum Ende ihrer Tage die Lieblingskinder der Vorsehung bleiben werden.

Um sie herum lebte, heiß geliebt und ihr ehrerbietig zugetan, ein Schwarm von wilden Jungen: ihre Enkel. Ich war ihr Spiel- und Lernkamerad, und ich erinnere mich, dass wir alle eines Wintertags am Kamin eng um die Großmutter geschart waren, während sie, wie es ihre Gewohnheit war, strickte, ohne den Blick zu erheben, ganz in ihren Traum versunken. Es war Heiligabend. An einem solchen Tag ist man nie sehr tapfer, wenn man noch klein ist. Die Erwartung des Geheimnisses bringt einen Schauer süßer Beklommenheit mit sich; es scheint einem, als sei der Himmel für den besonderen Umstand gerüstet, als breche die Nacht anders herein als gewöhnlich. Die Dämmerung ist feurig rot oder auch sehr düster: es ist die Stunde, da das Christkind aus dem Himmel heraustritt und seinen mühseligen Rundgang beginnt. An jenem Tag sah ich zu, wie der traurige Dezembertag dahinging, hoffte das Christkind vorüberkommen zu sehen und war recht neugierig, zu erfahren, an welchem Zipfel der Welt es wohl mit seiner unübersehbar langwierigen Aufgabe anfangen würde. Gleichzeitig war ich sehr verängstigt bei dem Gedanken, es könne plötzlich ganz einfach zu mir hereintreten und mir die Trommel, den Säbel, die Schulterstücke und den bebuschten Helm in die Hand drücken, die ich mir von ihm gewünscht hatte.

Ein »Großer«, dem ich meine Angst anvertraute, zuckte überlegen mit den Schultern.

»So was Dummes«, sagte er.

Das war ein Freigeist. Ich schaute ihn verständnislos an. Aber die Großmutter, die scheinbar gar nicht zuhörte, sah den richtigen Augenblick für ihr Eingreifen gekommen:

»Seine Schuhe muss man immer in den Kamin stellen«, sagte sie in einem Ton, der keinen Widerspruch zuließ.

»Aber Großmutter …«

»In jedem Alter, Kinder, versteht ihr, in jedem Alter fällt einem vom Himmel, was man sich wünscht. Ich habe vom Christkind einen Mann und eine Mitgift bekommen.«

»Einen Mann?«

»Eine Mitgift?«

»Durch den Kamin?«

»Ja, durch den Kamin.«

Einige Augenblicke lang versank sie wieder in ihren lächelnden Traum. Sie strickte fieberhaft, mit ihren Gedanken in weiter, weiter Ferne; und plötzlich legte sie das Strickzeug auf ihre Knie und begann eine Geschichte. Sie erzählte uns, wie traurig ihre Kindheit gewesen war: Ihre Eltern hatte sie während der Revolution verloren; die Mutter starb im Gefängnis, der Vater wurde in Quiberon erschossen. Bei einer alten Verwandten, die ausgewandert war, fand sie Unterkunft, und so hatte sie ihre ganze Jugend im Ausland zugebracht; erst zur Zeit der Restauration war sie allein wieder nach Paris gekommen, ohne Stütze und mittellos. Die Familiengüter waren enteignet, das Vermögen in dem großen Zusammenbruch verschleudert worden; es blieb ihr nur das alte Haus ihrer Familie, das seit zwanzig Jahren leer stand, verwüstet und im Verfall begriffen, unbewohnbar und reif für den Abbruch. Sein Erlös würde kaum hinreichen für die bescheidene Mitgift, die das Mädchen brauchte, um in ein Kloster aufgenommen zu werden, in dem es seine Tage beendigen könnte. Sie wollte nur aus Resignation den Schleier nehmen; was sollte sie vom Leben noch erwarten? Schon war das Haus verkauft, in dem sie wohnte; die Abbruch-Arbeiter warteten schon, dass sie es verlassen würde; die Möbel waren vor einigen Tagen zur Auktion gegangen. Nur ein Zimmer im ersten Stock hatte sie sich vorbehalten: karg ausgestattet mit einem Bett und einigen Stühlen. Hier hatte sie den Herbst 1815 zugebracht, so einsam und in sich gekehrt wie in dem Kloster, in das sie eintreten wollte.

Der letzte Tag, den sie in diesem ehrwürdigen Haus, ihrem Geburtshaus, verlebte, war besonders schmerzlich. Es war der 24. Dezember 1815; am Tag darauf, dem Weihnachtstag, sollte sie sich in aller Frühe im Kloster Mariä Heimsuchung in der Rue Saint-Jacques einfinden.

Sie irrte allein durch die großen, ausgeräumten Säle. Eine Haushälterin, die sie in der letzten Zeit bedient hatte, kam jeweils für die Nacht zu ihr und schlief in der ehemaligen Portiersloge.

»Ja, ja, ich entsinne mich jenes Abends noch ganz genau«, erzählte die Großmutter und schüttelte bedächtig den Kopf; »ich hatte das Abendessen nicht angerührt, das mir Tiennette aufgetragen hatte; sie war unten im Nebengebäude schlafen gegangen, das zur Rue St. Dominique hin lag, und ich wollte mir nur vor dem Schlafengehen noch ein letztes Mal dieses Haus ansehen, in dem ich geboren war, in dem meine Eltern gelebt hatten. Mit einer Kerze in der Hand ging ich durch die hohen, hallenden Zimmer, die düster waren und voller Kälte, und in denen die losgerissenen und nachgedunkelten Stofftapeten wie riesige Spinnweben herunterhingen. Draußen auf der Straße war es still; es war ja eine traurige Zeit, damals.

Einige Tage zuvor waren Marschall Ney, General Labédoyère und etliche andere erschossen worden; im Lauf des Tages hatte man von dem Urteil gegen den Postminister La Valette gehört; überall in Paris fahndete man nach den Anhängern Napoleons. Man sprach nur von Verschwörungen, Anschlägen, Verfolgungen und Vergeltungsmaßnahmen, und wenn die Nacht kam, hörte man als einziges Geräusch, das die bedrückende Stille der Straße störte, den Gleichschritt der grauen Polizeistreifen bei ihren Runden.

Ganz niedergeschlagen und schwermütig schloss ich endlich die Türen und ging in mein Zimmer zurück – das Zimmer, in dem ich meine frühe, glückliche Kindheit verbracht hatte. Ich machte mich bereit, mich zum letzten Mal auf dem Bett – meinem eigenen Bett – auszustrecken. Eben hatte es elf Uhr geschlagen; ich schnürte gerade meine Stiefeletten auf, als plötzlich in der stillen Nacht die Glocken von St. Thomas d'Aquin ihr volles Geläute erschallen ließen. Jetzt erst fiel mir ein, dass sie zur Mitternachtsmette riefen, und meine Gedanken schweiften zurück zu den Weihnachtsabenden von einst. Das lag in weiter, weiter Ferne. Ich sah mich wieder in ebendiesem Zim mer zu der Zeit, als meine gute Mutter noch lebte, wie ich abends so fröhlich meine kleinen Schuhe in den Kamin stellte – einen großen Kamin aus behauenem Marmor, so breit und so tief, dass man, wenn man sich auf die Feuerstelle niederbeugte und nach oben blickte, ganz hoch über dem mit einer samtenen Rußschicht bedeckten Kaminschacht die Sterne am Himmel sehen konnte. Jetzt sah ich diese heute so schwarze und kalte Feuerstelle vor mir, wie sie an den strahlenden Weihnachtsvormittagen von einst bepackt war mit weißen, schmuck bebänderten Paketchen, mit kunstvoll auf Spitzenpapier angeordneten Leckereien, mit rosigen, blondhaarigen Puppen, mit Büchern in rot schimmernden Einbänden … Ja, das war lang her. Welche gütige Gottheit würde jetzt, da es mir an so vielem fehlte, daran denken, mir ein wenig vom Überfluss der glücklichen Tage zu gönnen? Ich saß nachdenklich da, die Füße in Pantoffeln, die Stiefeletten in der Hand. Da ging ich schüchtern, fast beschämt zur Feuerstelle und stellte sie auf den Rost: ein närrischer Einfall, der naive, lächerliche Wunsch, zum letzten Mal das Kindheitserlebnis zu haben, das ich nie, nie wieder würde empfinden können.

Ach, wie traurig sahen sie auf dem geborstenen Marmor aus, meine armen Schuhe. Sie waren weder schmuck noch neu; sie machten einen so melancholischen, armseligen Eindruck und schienen genau zu wissen, dass in dieser Nacht nichts vom Himmel herab in sie hineinfallen würde.

Ich kann euch sagen, Kinder, ich betrachtete sie ohne Fröhlichkeit, kam mir auch ob meiner Kinderei recht töricht vor, und das Herz war mir so schwer, dass ich schon anfangen wollte zu weinen, als es plötzlich ein so entsetzliches Getöse gab, dass ich erschreckt an das andere Ende des Zimmers sprang. Ein Donnergetöse, ein Lärm, als wäre eine Fuhre Pflastersteine auf den Holzfußboden heruntergepoltert. Es schien mir, als sei das Haus

von oben bis unten entzweigeborsten; eine Wolke bitter schmeckenden Staubs erfüllte das Zimmer, in dem sich, wie ich sofort sah, ein Haufen von Gipsbrocken, schwarzen Bruchsteinen, geborstenen Ziegeln und Rußklumpen auftürmte. Offenbar war der Schornstein auf dem Dach eingestürzt. Schon gewann ich meine Fassung wieder und trat, die Kerze in der Hand, näher, um den Schaden zu übersehen, als ich plötzlich – ich war vor Schreck wie gelähmt – zwei in schmutzigen Männerstiefeln steckende Füße erblickte, die im Kamin hingen und verzweifelt strampelten, als suchten sie einen Halt, den sie nicht finden konnten. Mein Entsetzen war so groß, dass ich weder einen Schrei ausstoßen noch eine Bewegung machen konnte: ich stand wie gebannt hinter einem Stuhl, den ich instinktiv als Schutzwall benutzte, und vor Angst erstarrt sah ich, wie die Füße tastend langsam tiefer kamen, den Haufen Gipsbrocken in der Feuerstelle berührten, die Tragfähigkeit dieser Unterlage erprobten und sich daraufstellten. Dann sah ich zwei Beine, die Schöße eines Uniformrocks; ein Mann duckte sich nieder, kroch rückwärts ins Zimmer heraus und richtete sich vor mir auf. Seine Hände waren zerschunden, sein Gesicht geschwärzt. Seine erste Bewegung war, sich mit dem zerrissenen Ärmel über die Stirn zu fahren, um sich abzuwischen. Mein Blut stockte, als ich diese schreckenerregende Erscheinung betrachtete. Der Mann schnaubte, rieb sich die Augen, sah erst die Kerze, dann mich, trat einen Schritt zurück und bat händeringend:
›Das Leben, bitte, retten Sie mir das Leben!‹
Ich konnte nicht antworten. Er ging ans Fenster, lauschte auf die Geräusche der Straße, wandte sich mir wieder zu und stammelte, von seinem Sturz her noch außer Atem:
›Madame, mein Schicksal liegt in Ihrer Hand. Ich werde verfolgt … ich bin in höchster Not …‹
Wieder lauschte er gespannt zur Straße hin.

›Um Gottes willen, sagen Sie doch ein einziges Wort! Wer wohnt in diesem Haus?‹

›Ich.‹

›Allein?‹

›Allein.‹

Von Angst gequält blickte er mich an.

›O Mademoiselle, eine Stunde, eine einzige Stunde zum Ausruhen, lassen Sie mich eine Stunde hier sein – diese Stunde rettet mich. Ich bin Graf Cherizet, Offizier des Kaisers. Ich habe an einer Verschwörung teilgenommen, mindestens wirft man es mir vor. Ja, Ihnen will ich es offen sagen: ich habe teilgenommen, um Ney zu retten. Vorgestern wollten sie mich verhaften; ich bin geflohen … Sind Sie sicher, dass außer Ihnen niemand hier wohnt?‹

›Niemand.‹

›Zwei Nächte irre ich nun schon durch die Straßen; heute Abend wollte ich mir ein sicheres Versteck suchen; ich ging quer durch Paris. An der Ecke der Rue-Taranne: eine Streife. Ich lief, aber nun waren sie mir auf der Spur. Ich sprang über eine Mauer, konnte ein Traufenrohr erreichen und stieg auf ein Dach. Ich hoffte, ich könnte mich verstecken und warten, bis die Polizisten wieder weg wären. Aber sie hatten mich gesehen. Da sah ich einen Schornstein, dachte, ich könnte mich darin verbergen, und ließ mich hineingleiten in der Hoffnung, leicht wieder herauszukommen. Und tatsächlich fanden meine Füße in dem weiten Kaminschacht eine Ausbuchtung im Mauerwerk, einen Vorsprung, den ich für tragfähig hielt, und auf dem ich mich längere Zeit zu halten gedachte; aber der Kamin ist wohl altersschwach, der Gipsvorsprung bröckelte unter meinem Gewicht, gab plötzlich nach, und ich stürzte …‹

Er suchte seiner Erregung Herr zu werden und schwieg einige Augenblicke, wobei er mich mit seinen großen, unruhigen, flehenden Augen unaufhörlich anblickte.

›Ich bin ein Mann von Ehre, Mademoiselle; meine Treue zum Kaiser ist mein einziges Verbrechen. Zu welcher Partei Sie auch halten mögen …‹

Mit einer Handbewegung bedeutete ich ihm, dass dies wenig zu sagen habe.

›Ja‹, wiederholte er, ›mein einziges Verbrechen.‹

›Bleiben Sie!‹

Er taumelte, stützte sich gegen die Wand und murmelte mit schwacher Stimme:

›Danke!‹

Gleich darauf fasste er sich wieder, machte einige Schritte durch das Zimmer und seufzte:

›Ich kann nicht mehr!‹

Ich schob ihm den Stuhl zu; er ließ sich darauf fallen.

›Seien Sie so gut: ein wenig Wasser‹, bat er.

Er fuhr sich mit einem angefeuchteten Tuch über Schläfen, Gesicht und Hände. Ich sah ihm dabei zu; er war ein Mann von etwa dreißig Jahren, mit einem energischen und sehr angenehmen, aber auch sehr traurigen und blassen Gesicht. Ich fasste mir ein Herz und redete ihn an:

›Haben Sie Hunger?‹

Er zuckte nur müde mit den Schultern und erwiderte:

›Vierzig Stunden ist es jetzt her, dass ich nichts zu mir genommen habe. Ich breche vor Erschöpfung zusammen. Entschuldigen Sie.‹

Ich ging aus dem Zimmer. Im Raum nebenan hatte ich das Abendessen, das mir Tiennette hergerichtet hatte, unberührt stehen gelassen. Ich brachte das Tablett in mein Zimmer, stellte es auf einen kleinen Tisch, schob ihn meinem Geächteten hin und breitete eine weiße Serviette vor ihm aus. Es gab Brot, Kastanien, gekochte Eier, eine alte Flasche Wein, die Tiennette noch in einer Kellerecke gefunden hatte. Der Graf hatte seine Fassung wiedergewonnen. Ich steckte eine zweite Kerze an, und dieser ungewohnte Luxus gab meinem Zimmer ein festliches Aussehen. In der Kirche nebenan begannen die Glocken wieder mit ihrem munteren Geläute und ließen ihre tiefen und hellen Stimmen feierlich und froh in die Nacht hinausschallen. Mein Gast war verwundert: alle Geräusche von draußen ängstigten ihn.

›Die Mitternachtsmette‹, beruhigte ich ihn.

›Ach so!‹

Und als ich ihn mit einer Handbewegung zum Zugreifen aufforderte, sagte er lächelnd:

›Dann laden Sie mich also zum Mitternachtsmahl ein?‹

Und so hielten wir tatsächlich zusammen das Mitternachtsmahl. Ich hatte jetzt überhaupt keine Angst mehr; das Abenteuer schien mir ganz einfach, und als ich ihn so munter zugreifen sah, wie ich da selbst Hunger bekam! Die Erregung hatte mich geschwächt, und auf seine freundliche Aufforderung hin setzte ich mich ihm gegenüber … Ach Kinder, wie gut das Abendessen schmeckte! Wir plauderten, zunächst etwas gehemmt, über gleichgültige Gegenstände, aber langsam nahm das Gespräch schon einen vertraulicheren Ton an. Die Dinge haben sich sehr geändert, seit dies alles geschah; die Menschen sind nicht mehr dieselben, und die Sitten auch nicht. Indem er redete und aß, wurde er zu einem ganz anderen Menschen; er drückte sich mit großer Vornehmheit aus, sprach ehrerbietig, mit gedämpfter Stimme, fast zärtlich … Nein, ganz gewiss, so etwas geschieht heute nicht mehr.«

Und die Großmutter, vom Ansturm ihrer Erinnerungen lebhaft geworden, strickte eifrig; ihre Gedanken waren weit weg von der schwindelerregenden Arbeit der Nadeln, und ein zartes Lächeln ließ ihre feinen Lippen dünner werden.

»Ich hatte meinen Plan«, erzählte sie weiter. »Als der Graf sich gestärkt und ausgeruht hatte und die Absicht zu erkennen gab, nun wegzugehen, sagte ich zu ihm:

›Folgen Sie mir leise.‹

Ich öffnete das Fenster, das auf einen der ganzen Fassade des Hauses entlang verlaufenden Balkon hinausging. Am Ende dieses Balkons führte, wie es bei den alten Häusern üblich war, eine eiserne Wendeltreppe zum Garten hinunter. Dorthin geleitete ich ihn, schritt quer über den feuchten Rasen bis zu einem kleinen Tor, das den Weg in ein Labyrinth von engen Gässchen freigab. Nach einem ehemaligen Kloster nannte man sie den ›Liebfrauenschwestern-Gang‹. Ich schob die Riegel zurück, machte ein paar Schritte auf die ganz verlassene und düstere Gasse hinaus, stellte fest, dass dort niemand auf der Lauer lag und keine Gefahr aus einem Hinterhalt drohte. Dann ging ich zum Grafen zurück.

›Nun also, adieu‹, sagte ich zu ihm.

Er blickte mich überrascht, vielleicht auch ein bisschen traurig an.

›Adieu?‹, wiederholte er im Ton einer Frage.

›Ja, adieu, ich trete morgen ins Kloster ein.‹

Er verneigte sich tief. Als ich die Hand ausstrecken wollte, um ihm den Weg zu zeigen, ergriff er sie und küsste sie so ehrerbietig, so diskret und trotzdem so zärtlich und gerührt, dass ich mich ein wenig verwirrt fühlte. Er ging schnell weg; ich hörte, wie der Schall seiner Schritte sich in der Gasse verlor, und blieb noch einen Augenblick stehen, um zu lauschen; dann schloss ich das Tor, ging durch den Garten und kehrte auf mein Zimmer zurück, wo ich die ganze Nacht kein Auge zutat.

Am nächsten Morgen kam Tiennette noch vor Tagesanbruch in mein Zimmer, um wie gewöhnlich Feuer zu machen und um mir bei der Vorbereitung meines Auszugs zu helfen: zum Hochamt sollte ich mich im Kloster Mariä Heimsuchung einfinden.

Ich kuschelte mich unter meine Betttücher und tat, als ob ich schliefe, als ich plötzlich hörte, wie die brave Frau einen lauten Schrei ausstieß.

›Herr Jesus! Ach du meine Güte, was ist denn das für ein Trümmerhaufen? Sehen Sie nur, Mademoiselle, was man Ihnen da für Schutt ins Zimmer gekippt hat; ja ist der denn vom Himmel gefallen? So was Schreckliches!… Das ist doch nicht menschenmöglich, dass dieser ganze Einsturz da passiert ist, ohne dass Sie was gehört haben!‹

Ich fühlte wohl, dass ich jetzt eine Erklärung geben und etwas sagen musste, und stammelte, als läge ich noch im Halbschlaf:

›Gehört habe ich schon etwas; aber besonders viel Krach hat es gar nicht gemacht; vielleicht ein Windstoß gegen einen rissigen Schornstein.‹

Aber Tiennette kümmerte sich wenig um meine Bemerkungen und klagte und jammerte weiter über den vielen Staub und den Ruß auf dem Fußboden, darüber, dass sie nun kein Feuer machen könne, über die alten Häuser, in denen man hartnäckig so lange wohnen bleibt, bis sie einem über dem Kopf zusammenbrechen. Und während sie noch vor sich hin schimpfte, hatte sie schon einen Besen genommen und versuchte, die Gipsbrocken in die Herdstelle hineinzufegen.

›Kies ist das, ein richtiger Haufen, ganz voll Ruß, und ein Dreck! Und Mademoiselle ihre Schuhe sind drunter festgeklemmt. Ja, wer hat denn nur Ihre Schuhe da reingetan, Mademoiselle?‹

Ich musste etwas zur Antwort geben.

›Ach ja, ich weiß schon, das war mit Absicht.‹

›Und wie die aussehen! Die können Sie nimmer anziehen. Einer ist ganz voll Ruß; und der da, mein Gott, ganz zerquetscht unter einem Stein … Oh, was für ein Brocken! Aber was ist das denn? Schwer ist das, schwer!…‹

Von meinem Bett aus beobachtete ich sie blinzelnd und sah,

wie sie ohne Erfolg versuchte, einen staubbedeckten Klumpen aufzuheben, der in schwarzgewordenem Gips eingebacken war. Tiennette war außer sich vor Staunen.

›Aber was ist denn das?‹

›Was denn, Tiennette?‹

›Und ein Gewicht hat das; das ist Blei, sicher ist das Blei, oder Eisen ... Ein Kasten, könnte man meinen ... Und gerade auf Mademoiselle ihre Schuhe, einer ist ganz zerdrückt.‹

Ich wurde gespannt, warf mir einen Frisiermantel über und ging zu ihr hin. Es war wirklich ein Kasten, was sie da mit ihrer Schürze abzuwischen versuchte, eine kleine Kassette, die mit den Gipsbrocken aus dem Kamin gefallen war. Sicher war sie in das Mauerwerk eingelassen gewesen, das unter dem Gewicht des Grafen einstürzte, und ihr Sturz hatte den des Flüchtlings nach sich gezogen.

Tiennette rieb an dem Kästchen und geriet außer sich:

›Das ist bestimmt während der Revolution da oben hingetan worden. Die alten Häuser, die stecken voll verborgener Schätze ... O Mademoiselle, wenn das Gold wäre!‹

Unseren vereinten Kräften gelang es kaum, das Kästchen von der Stelle zu rücken. Ich hatte keine Erklärung dafür, dass ein so kleines Kästchen – es war kaum höher als eine Hand und ungefähr so lang wie ein Unterarm –, wie ein so kleines Kästchen ein so beträchtliches Gewicht haben konnte. Und dann, wie sollten wir es aufbekommen? Kein Schlüssel war da, und außerdem war das Schloss mit hartgewordenem Gips verstopft. Aber die Scharniernägel waren verrostet; einen davon konnten wir absprengen, dann auch den anderen; eine ganze Stunde mussten wir uns damit abmühen. Endlich ging der Kasten auf: er war voller Louisdore in nebeneinanderstehenden Rollen; außer mir vor Staunen betrachtete ich diesen Haufen Goldstücke mit dem Bild der beiden letzten Könige.

Tiennette war ganz benommen. Sie zählte, rief dazwischen immer wieder laut und erklärte:

›Das war Ihr Vater, Mademoiselle, das war Ihr Vater, der hat dieses Vermögen da oben versteckt.‹

Und glühend vor Eifer, mit leuchtenden Augen zählte sie wie im Rausch, bis sie sich beim Zusammenzählen verrechnete und von vorn beginnen musste. Ich will's euch gleich sagen, Kinder, der Kasten enthielt hundertundfünfzig Geldrollen zu je hundert Louisdoren, dreihunderttausend Franken! Ich blieb mit hängenden Armen neben Tiennette knien, ganz verstört und fast beschämt angesichts des vielen Goldes. Dabei blieb es, bis die Glocken sich von neuem in Bewegung setzten und mit vollem Geläute fröhlich zur Frühmesse riefen. Da übermannte mich eine plötzliche Erregung: meine angespannten Nerven gaben nach, ich weinte, ich weinte, ohne aufhören zu können, während Tiennette ebenfalls schluchzte und sagte:

›Ach Mademoiselle, das Christkind … Ganz sicher war's das Christkind!‹

Und niemals, solange die brave Dienstbotin lebte, ließ sie es sich ausreden, dass in dieser Nacht das Christkind gekommen sei und mir eine Mitgift gebracht habe, damit ich nicht ins Kloster zu gehen brauchte.

Und wirklich war ich nur einen Monat im Kloster, aus Ehrerbietung. Das Gerücht von dem ›Wunder‹ hatte sich herumgesprochen. Die Herzogin von Angoulême, die Tochter Ludwigs XVI., wollte es mich erzählen hören. Ich tat es, aber wohlverstanden, ohne den Geächteten, den Helden des Abenteuers, zu erwähnen: das Herabfallen des Kästchens hatte in meinem Bericht nur die Baufälligkeit eines Schornsteins zur Ursache. Die traurige, freundliche Fürstin nahm mich zu sich; ich zog zu ihr in die Tuilerien.

Ein Jahr war vergangen; wieder hatten wir Heiligabend, und nach der Etikette des Hofes hatten wir an diesem 24. Dezember 1816 Madame zu ihrem Onkel begleitet, dem König Ludwig XVIII. Bei ihm verbrachten wir den Abend. Seine Majestät liebte Geschichten über alles und hatte gerade in froher Stimmung seinen Vertrauten mehrere erzählt, als er sich plötzlich mir zuwandte:

›Und Sie, Mademoiselle‹, sagte er ein wenig spöttisch, ›hat man mir nicht erzählt, Ihnen sei an einem Weihnachtsabend ein Vermögen vom Himmel in die Schuhe gefallen? … Nun, dies ist der Tag dafür, erzählen Sie uns das.‹

Ich hatte große Angst; aber dem königlichen Befehl musste ich gehorchen. Ich fing an zu sprechen, ohne zunächst recht zu wissen, was ich sagte. Niemals hatte ich den Grafen Cherizet erwähnt; aber in diesem Augenblick war ich zu verwirrt für einen geschickten Einfall und erzählte die Geschichte so, wie sie sich abgespielt hatte. Was war schon für eine Gefahr dabei? Ein Jahr war vergangen, die politischen Leidenschaften abgeklungen. Man sprach nicht mehr von Verschwörungen und Vergeltungsmaßnahmen. Immerhin war ich vorsichtig und sprach nur von einem ›Unbekannten‹, dessen Namen und Rang ich nie erfahren habe. Aller Augen waren auf mich gerichtet, ich fühlte, wie ich errötete, verlor den Kopf und geriet ins Stottern. Der König unterbrach mich schalkhaft bei jeder Unwahrscheinlichkeit und setzte mir mit Fragen zu, und als ich geendet hatte, fragte er augenzwinkernd:

›Und dieser schöne Unbekannte … Seinen Namen hat er wohl nicht gesagt? Hat es kein Wiedersehen gegeben? Wirklich nicht? … Es war vielleicht ein Einbrecher‹, fügte er dann in verändertem Ton hinzu.

Da wurde ich ein wenig gereizt und entschloss mich, alles zu sagen:

›Nein, Sire, es hat kein Wiedersehen gegeben‹, sagte ich und machte meinen Hofknicks, ›aber es war auch kein Einbrecher. Sein Name war Graf Cherizet.‹

›Graf Cherizet?‹

Er wurde nachdenklich, runzelte die Stirn.

Während des ganzen Abends war seine innere Unruhe offenkundig. Er nahm nicht mehr am Gespräch teil und unterhielt sich längere Zeit leise mit dem Herzog Decazes, dem damaligen Polizeiminister.

Der König forderte, wie es schien, von dem Minister eine Entscheidung, die diesem nicht ganz leichtfiel.

Am Tag darauf, um zehn Uhr, als der Hof sich beim König einfand, um ihn zur Schlosskapelle zu begleiten, wo das Weihnachts-Hochamt gesungen werden sollte, war das Arbeitszimmer Seiner Majestät gedrängt voll Menschen wie an hohen Festen.

Ludwig XVIII. küsste seine Nichte auf die Stirn und überreichte ihr als Weihnachtsgeschenk ein Brillantenkreuz aus dem Besitz der Königin Marie-Antoinette.

An die Damen verteilte er einige kleinere Andenken. Schon wollten sich die Offiziere zum Gang durch die Wandelhallen aufstellen, als der König mit der Hand ein Zeichen gab.

›Warten Sie‹, befahl er.

Ich fühlte, dass sein Blick auf mich gerichtet war.

›Messieurs‹, sagte er zu den Edelleuten, die dicht gedrängt um ihn standen, ›treten Sie ein wenig zur Seite, damit Mademoiselle sehen kann, was ihr diesmal als Weihnachtsgeschenk vom Himmel fällt.‹

Die Hofleute gehorchten. Ich hob den Blick und sah: vor mir stand … Oh, diesmal konnte ich trotz der königlichen Würde des Ortes einen Aufschrei nicht unterdrücken:

›Der Graf! … Graf Cherizet!‹

›Ja, Mademoiselle‹, sagte der König lächelnd, ›der Herr Graf Cherizet, vor einem Jahr beim Verlassen Ihres Hauses festgenommen und bis gestern Abend in geheimem Gewahrsam im Abtei-Gefängnis, aber der gute Weihnachtsmann hat ihn sich dort heute Nacht geholt und ihn in meinen Kamin fallen lassen, mit einem Offizierspatent in der Tasche … Als Oberst in meiner Garde‹, fügte er hinzu und reichte dem Grafen die Hand, der sie nahm und mit großer Rührung küsste.«

Die alte Dame hatte Tränen in den Augen, als sie hier ihren Bericht abbrach.

Sie zog ihre Enkelkinder an sich, die mit offenem Mund der schönen Erzählung gelauscht hatten, und schloss die Augen, als wolle sie sich innerlich ganz der verzückten Betrachtung ihrer Erinnerungen hingeben:

»Das, ihr Kinder, war euer Großvater.«

Marie Luise Kaschnitz
Was war das für ein Fest?

Der kleine Junge hockte auf dem Fußboden und kramte in einer alten Schachtel, aus der er einiges zutage förderte, ein paar Röllchen schmutzige Nähseide, ein verbogenes Wägelchen und einen silbernen Stern. Was ist das?, fragte er und hielt den Stern hoch in die Luft. Die Küchenmaschinen surrten, der Fernsehapparat gab Männergeschrei und Schüsse von sich, vor dem großen Fenster bewegten sich die kleinen Stadthubschrauber vorsichtig auf und ab. Der Junge stand auf und ging unter die Neonröhre, um den Stern, der aus einer Art von Glaswolle bestand, genau zu betrachten.

Was ist das?, fragte er noch einmal. Entschuldige, sagte die Mutter am Telefon, das Kind plagt mich, ich rufe dich später noch einmal an. Damit legte sie den Hörer hin, schaute herüber und sagte: Das ist ein Stern. Sterne sind rund, sagte der kleine Junge. Zeig mal, sagte die Mutter und nahm dem Jungen den Stern aus der Hand. Es ist ein Weihnachtsstern, sagte sie. Ein was?, fragte das Kind. Jetzt hab' ich es satt, schrie der Mann auf der Fernsehscheibe und warf seinen Revolver in den Spiegel, was beträchtlichen Lärm verursachte. Die Mutter drückte auf eine Taste, der Lärm hörte auf, und das Bild erlosch.

Etwas von früher, sagte sie in die Stille hinein. Von einem Fest. Was war das für ein Fest?, fragte der kleine Junge. Ein langweiliges, sagte die Mutter schnell. Die ganze Familie stand in der Wohnstube um einen Baum herum und sang Lieder, oder die Lieder kamen aus dem Fernsehen, und die ganze Familie hörte zu. Wieso um einen Baum?, sagte der kleine Junge, der wächst doch nicht im Zimmer. Doch, sagte die Mutter, das tat er, an einem bestimmten Tag im Jahr. Es war eine Tanne, die man mit brennenden Lichtern oder mit kleinen bunten Glühbirnen besteckte und an deren Zweige man bunte Kugeln und glitzernde Ketten hängte. Das kann nicht wahr sein, sagte das Kind. Doch, sagte die Mutter, und an der Spitze des Baumes befestigte man den Stern. Er sollte an den Stern erinnern, dem die Hirten nachgingen, bis sie den kleinen Jesus in seiner Krippe fanden. Den kleinen Jesus, sagte das Kind aufgebracht, was soll denn das nun wieder sein?

Das erzähle ich dir ein andermal, sagte die Mutter, die sich an die alte Geschichte erinnerte, aber nicht genau. Der Junge wollte aber von den Hirten und der Krippe gar nichts hören. Er interessierte sich nur für den Baum, der im Zimmer wuchs und den man verrückterweise mit brennenden Lichtern oder mit kleinen Glühbirnen besteckt hatte. Das muss doch ein schönes Fest gewesen sein, sagte er nach einer Weile.

Nein, sagte die Mutter heftig. Es war langweilig. Alle hatten Angst davor und waren froh, wenn es vorüber war. Sie konnten den Tag nicht abwarten, an dem sie dem Weihnachtsbaum seinen Schmuck wieder abnehmen und ihn vor die Tür stellen konnten, dürr und nackt. Und damit streckte sie ihre Hand nach den Tasten des Fernsehapparates aus. Jetzt kommen die Marspiloten, sagte sie. Ich will aber die Marspiloten nicht sehen, sagte der Junge. Ich will einen Baum, und ich will wissen, was mit dem kleinen Sowieso war. Es war, sagte die Mutter ganz unwillkürlich, zur Zeit des Kaisers Augustus, als alle Welt geschätzet wurde.

Aber dann erschrak sie und war wieder still. Sollte das alles noch einmal von vorne anfangen, zuerst die Hoffnung und die Liebe und dann die Gleichgültigkeit und die Angst? Zuerst die Freude und dann die Unfähigkeit, sich zu freuen, und das Sichloskaufen von der Schuld? Nein, dachte sie, ach nein. Und damit öffnete sie den Deckel des Müllschluckers und gab ihrem

Sohn den Stern in die Hand. Sieh einmal, sagte sie, wie alt er schon ist, wie unansehnlich und vergilbt. Du darfst ihn hinunterwerfen und aufpassen, wie lange du ihn noch siehst. Das Kind gab sich dem neuen Spiel mit Eifer hin.

Es warf den Stern in die Röhre und lachte, als er verschwand. Aber als es draußen an der Wohnungstür geklingelt hatte und die Mutter hinausgegangen war und wiederkam, stand das Kind wie vorher über den Müllschlucker gebeugt. Ich sehe ihn immer noch, flüsterte es, er glitzert, er ist immer noch da.

Quellenverzeichnis

Thomas Bernhard (1931-1989)
Von sieben Tannen und vom Schnee … Eine märchenhafte Weihnachtsgeschichte. Aus: Thomas Bernhard, Werke. Band 14. Erzählungen, Kurz-
prosa. Herausgegeben von Hans Höller, Martin Huber und Manfred Mit-
termayer. © Suhrkamp Verlag Frankfurt am Main 2003

Bertolt Brecht (1898-1956)
Das Paket des lieben Gottes. Eine Weihnachtsgeschichte. Aus: Bertolt
Brecht, Prosa. © Brecht-Erben und Suhrkamp Verlag Berlin 2013

Truman Capote (1924-1984)
Eine Flasche voll Silber. Aus: Truman Capote, Baum der Nacht. Alle Erzählungen. Aus dem Amerikanischen von Ursula-Maria Mössner. © der
deutschen Ausgabe: Kein & Aber, Zürich 2007

Ramón Gómez de la Serna (1888-1963)
Weihnacht. Übersetzt von Theres Moser. Aus: Weihnachtsgeschichten aus
Spanien. Herausgegeben von Michi Strausfeld. © der deutschen Ausgabe:
Insel Verlag Frankfurt am Main und Leipzig 2001. © 1947 Ramón Gómez
de la Serna und Erben

Axel Hacke (geb. 1956)
Als ich Jesus war. Aus: Axel Hacke, Alle Jahre schon wieder. © Verlag Antje
Kunstmann GmbH, München 2009

Eva Ibbotson (1925-2010)
Der Große Karpfen Ferdinand. Copyright © Eva Ibbotson Estates Ltd.
Mit freundlicher Genehmigung von Curtis Brown Group Ltd., London,
und Anoukh Foerg Literary Agency, München. Aus dem Englischen von
Annette Meyer-Prien. Zitiert nach: Meine schönsten Weihnachtsgeschich-
ten. Herausgegeben von Rosamunde Pilcher. Ullstein Buchverlage GmbH,
Berlin 2006

Dominique Marchand
Stille Nacht Zaubernacht. Aus: Stille Nacht Zaubernacht. Ein Lied von Dominique Marchand. Erzählt von Géraldine Elschner mit Illustrationen von Albrecht Rissler. Michael Neugebauer Verlag, Gossau 2000. © Géraldine Elschner

Guy de Maupassant (1850-1893)
Weihnachtsgeschichte. Aus: Guy de Maupassant, Gesammelte Werke. Die Rechte an der Nutzung der deutschen Übersetzung von Ernst Sander liegen beim Luchterhand Literaturverlag, München, in der Verlagsgruppe Random House GmbH

Carson McCullers (1917-1967)
Weihnachtszauber. Aus: Carson McCullers, Gesammelte Erzählungen. Aus dem Amerikanischen von Elisabeth Schnack. Copyright der deutschsprachigen Ausgabe © 2004 Diogenes Verlag AG, Zürich

O'Henry (1862-1910)
Das Geschenk der Weisen. Aus: O'Henry, Unschuldsengel vom Broadway. Herausgegeben von Wolfgang Kreiter. Aus dem Amerikanischen von Christine Hoeppener. © Aufbau Verlag GmbH & Co. KG, Berlin 1961 (diese deutsche Übersetzung erschien erstmals 1961 bei Rütten & Loening; Rütten & Loening ist eine Marke der Aufbau Verlag GmbH & Co. KG)

Emilia Pardo Bazán (1851-1921)
Des Spielers Weihnachtsabend. Übersetzt von Angelica Ammar. Aus: Weihnachtsgeschichten aus Spanien. Herausgegeben von Michi Strausfeld. © der deutschen Ausgabe: Insel Verlag Frankfurt am Main und Leipzig 2001

Eugen Roth (1895-1976)
Das Weihnachtsbild. Aus: Eugen Roth, Sämtliche Werke. Sechster Band: Erzählungen. © Carl Hanser Verlag, München/Wien 1977

Patrick Roth (geb. 1953)
Lichternacht. Aus: Patrick Roth, Lichternacht. Weihnachtsgeschichte. Mit einem Essay von Michaela Kopp-Marx. © 2006 Insel Verlag Frankfurt am Main und Leipzig

Das kleine Wunder zwischendurch ...

Ein ganz alltägliches Wunder

Es passiert jeden Tag, immer und überall: das kleine und das große Wunder zwischendurch. Ein kurzer Moment nur – und nichts ist mehr, wie es war. Zwei wildfremde Menschen begegnen sich, ein Blick, eine Geste, und schon setzt die Liebe die Gesetze der Wirklichkeit außer Kraft. Ein verheerendes Feuer bricht aus und erlischt auf unerklärliche Weise, noch bevor die Feuerwehr eingetroffen ist. Einen Mann, der sein ganzes Leben vom Pech verfolgt war, trifft plötzlich das große Los ...
Zufall? Fügung? Geschick? Oder einfach nur Glück? Egal, wie man es nennt: Diese beglückenden Kurz- und Kürzestgeschichten erzählen von wahren Wundern und fast wahren Wundern, von Übernachtwundern und von Helllichten-Tag-Wundern, vom Wunder der Liebe und der Freundschaft, vom Wunder des Anfangs und vom Happy End.
Mit Geschichten von Isabel Allende, Peter Bichsel, Eva Demski, Max Frisch, Alexander Kluge, Siegfried Lenz, Luigi Malerba, Angeles Mastretta, Haruki Murakami, Marie NDiaye, Cees Nooteboom, Ralf Rothmann, Isaac B. Singer, Andrzej Stasiuk, Rose Tremain, Mario Vargas Llosa und vielen anderen.

Ein ganz alltägliches Wunder. Ausgewählt von Clara Paul.
insel taschenbuch 4341. 294 Seiten.

**Geschichten,
die Glücksgefühle auslösen**

Was macht uns glücklich? Glücklich macht, wenn wir der schlechten Laune ein Schnippchen schlagen, dem Trübsinn die lange Nase zeigen oder ein Unglück abwenden konnten. Wenn wir plötzlich der Liebe begegnen – und die Liebe bleibt. Wenn Freunde Freunde sind, wenn man sie am nötigsten hat. Wenn Wildfremde einem lächelnd helfen. Wenn man für Augenblicke in seine Kindheit und Jugend zurückkehren kann. Wenn auf einmal so ein Tag ist, an dem man die ganze Welt umarmen könnte. Wenn das Wunder dann doch passiert ...

Genau hiervon – von den schönsten Momenten des Glücks – erzählen in diesen Geschichten: Isabel Allende, Elizabeth von Arnim, Jurek Becker, Peter Bichsel, Lily Brett, Eva Demski, Max Frisch, Robert Gernhardt, Hermann Hesse, Alexander Kluge, Cees Nooteboom, Amos Oz, Daniel Picouly und viele andere.

Geschichten, die glücklich machen. Ausgewählt von Clara Paul. insel taschenbuch 4296. 255 Seiten

»Zupf dir ein Wölkchen aus dem Wolkenweiß ...«

Es gibt Gedichte, die einen nicht mehr loslassen und über die Jahre begleiten oder plötzlich wieder aus der Erinnerung aufsteigen und einen mit Sehnsucht anstecken – viele von ihnen sind hier versammelt: die Gedichte, auf die man nicht mehr verzichten möchte, und die, auf die man nach dem ersten Lesen einfach nicht mehr verzichten kann:

Gedichte, deren Lebenslust und Fröhlichkeit sich unmittelbar auf einen übertragen; übermütige, verspielte Liebeserklärungen an das Leben und die Welt; zärtliche, traurig-schöne Gedichte, die versonnen der Erinnerung an den unwiederbringlichen Augenblick hingegeben sind; beglückend-tröstliche Gedichte, die man vor sich hinflüstert, wenn man der Ermutigung bedarf; Gedichte, denen ein Zauber innewohnt, »der uns beschützt und der uns hilft zu leben«.

Mit Gedichten von Ilse Aichinger, Rose Ausländer, Elisabeth Borchers, Bertolt Brecht, Mascha Kaléko, Rainer Maria Rilke, Joachim Ringelnatz, Peter Rühmkorf, Eva Strittmatter, Kurt Tucholsky und vielen anderen.

Gedichte, die glücklich machen. Ausgewählt von Clara Paul. insel taschenbuch 4297. 187 Seiten